MILTON REIS

VIVER EM FLUXO

Táticas para uma vida de sucesso e bem-estar

PRIMAVERA
EDITORIAL

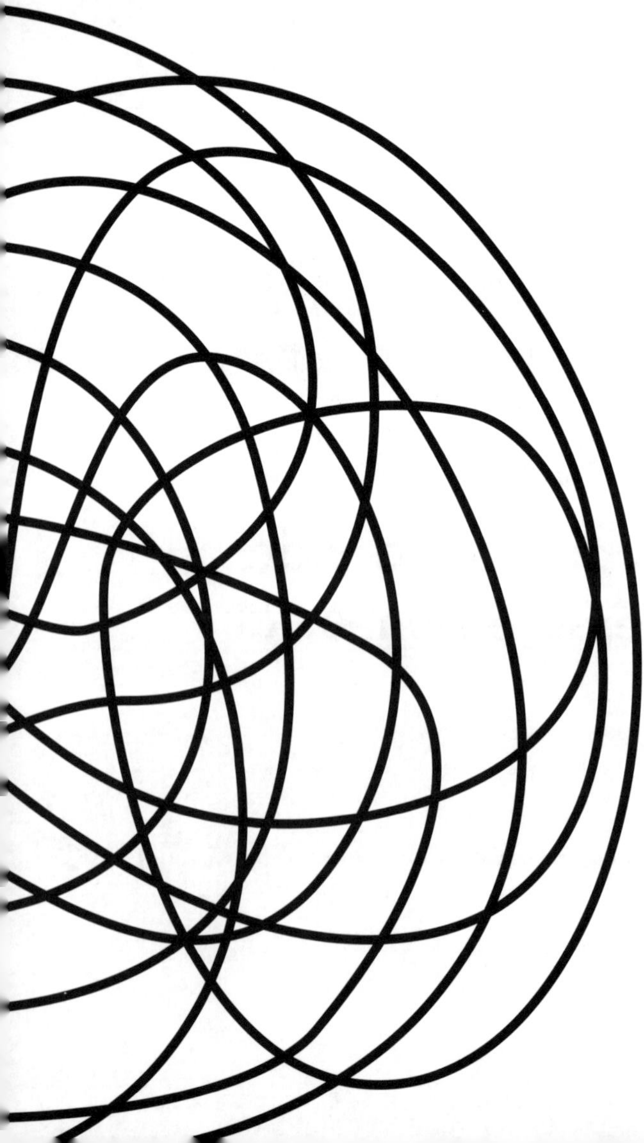

SUMÁRIO

Prefácio 5

Parte 1 - Fundamentos da alta performance 10

01 - Muito além daquilo que projetaram para você 12

02 - O tripé da alta performance 20

03 - Transformando limitações em pontos fortes 30

04 - O poder de um modelo de mudança sustentável 42

Parte 2 - Aplicando o método da alta performance 54

05 - A jornada do autoconhecimento...................................56

06 - Reescrevendo sua história pessoal 68

07 - Dominando as habilidades da alta performance 82

Parte 3 - As ferramentas 100

08 - Usando a palavra na construção da sua nova realidade ...102

09 - Antecipando o futuro com o poder da visão 114

10 - Fazendo pausas para expandir sua consciência 128

11 - Entrando em fluxo de forma intencional 144

Epílogo - Redefinindo a alta performance 154

Agradecimentos 157

PREFÁCIO

Um olhar humanizado para a alta performance

Por Pamella Nilsen
CEO do Partners, empresa do Ecossistema Great People & Great Place to Work

EM UM MUNDO onde a busca pela excelência muitas vezes se confunde com a corrida incansável por resultados, *Viver em Fluxo* surge como um farol de sabedoria e equilíbrio. Como CEO da Partners, empresa que integra do Ecossistema Great People & Great Place to Work, cuja missão é melhorar a vida de empreendedores pelo Brasil, dediquei minha carreira a promover um ambiente onde as pessoas são valorizadas como o centro de toda estratégia corporativa. Ao me deparar com esta obra, percebi imediatamente que ela encapsula a essência daquilo que sempre defendi: a alta performance alcançada através da harmonia entre corpo, mente e espírito.

Milton Reis, um dos mais de 150 partners que já compõe nossa rede, traz uma abordagem inovadora com seu "Tripé da Alta Performance". Sua metodologia, que interliga conhecimento especializado, vigor físico e controle mental e emocional, é um reflexo das práticas que sempre admirei e promovi em minha própria liderança.

A jornada começa com uma exploração teórica perspicaz, na qual Milton não apenas estabelece os fundamentos da alta performance, mas também desmistifica conceitos ultrapassados, tornando-os acessíveis e práticos. Segue-se um mergulho profundo no autoconhecimento. Esta parte do livro é um convite para que cada leitor embarque em sua própria jornada de descoberta e transformação.

As ferramentas práticas que Milton apresenta na sequência são um verdadeiro tesouro; elas refletem muito da sabedoria de Ruy Shiozawa, meu líder e mentor, *founder* do Ecossistema Great People, que sempre me inspirou com sua filosofia de "errar rápido para acertar rápido". Essas estratégias aqui expostas proporcionam aos leitores a confiança necessária para aplicar o aprendizado de forma dinâmica, ágil e eficiente.

Um momento decisivo em minha trajetória, antes mesmo de assumir um cargo de liderança, iluminou o caminho que Viver em Fluxo propõe para lidar com erros. Ainda enquanto consultora, dediquei quase um ano a um projeto imenso para um dos nossos maiores clientes à época no Great Place to Work, um cliente cuja importância para o faturamento anual da empresa era monumental, representando cerca de 30%. No entanto, após meses de esforço incessante, um erro simples mas significativo poderia ter consequências devastadoras dada a magnitude do cliente. Enfrentar esse erro foi um desafio; precisei comunicá-lo aos meus pares, enquanto Ruy, meu gestor, tomou a iniciativa de explicar a situação ao cliente.

A resposta a essa crise definiu um momento de virada na minha carreira. Pouco depois dessa experiência intensa, surpreendentemente, fui promovida a uma posição de liderança e gestão. Esse episódio se tornou um marco na minha jornada, ensinando-me a valorizar a rapidez em reconhecer falhas, a eficiência em corrigi-las e, acima de tudo, a importância de aprender com elas para continuamente aprimorar. Esse aprendizado não apenas moldou minha abordagem à liderança, influenciando em meu perfil de assumir riscos e de não ter receio de encarar grandes desafios, o que me proporcionou grandes oportunidades ao assumir projetos complexos ao longo da minha carreira, como reforçou a convicção de que a transparência, a responsabilidade e a capacidade de superar adversidades são pilares para construir uma cultura de alta performance e confiança;

Além disso, Milton oferece uma perspectiva única sobre como os desafios e fracassos podem ser transformados em degraus para o sucesso. Após 12 anos cuidando de pessoas e de negócios, posso atestar a importância de abraçar falhas como oportunidades de crescimento. Esta mensagem é um eco poderoso ao longo do livro e serve como um lembrete vital para todos nós que aspiramos a altos patamares de desempenho.

Viver em Fluxo também aborda a importância da resiliência e da adaptabilidade, qualidades indispensáveis no cenário corporativo e esportivo atual. Milton nos mostra como essas características, quando bem cultivadas, podem levar a um desempenho excepcional, sem comprometer a nossa saúde e bem-estar.

O livro se conclui com histórias reais e inspiradoras, que demonstram como os conceitos apresentados podem ser aplicados na vida real. Cada caso é um testemunho do poder de transformação do método do Milton, mostrando que é possível alcançar a excelência mantendo um equilíbrio saudável entre a vida profissional e pessoal. A mensagem central da obra – de que a alta performance não deve vir à custa do nosso bem-estar – é um chamado para redefinir nossas prioridades e métodos. Este livro não é apenas um guia; é um convite para uma vida de sucesso, saúde e satisfação plena.

A publicação deste livro por Milton Reis, um de nossos Partners, é um marco significativo em nossa missão. Ele não só estabelece os alicerces da alta performance de uma maneira profundamente acessível e prática, mas também reflete o compromisso da nossa empresa em promover uma cultura de bem-estar e sucesso sustentável. A abordagem do Milton, desvendando os mistérios da alta performance enquanto mantém o bem-estar como uma prioridade, é um testemunho do impacto e compromisso que nossa rede busca criar no mundo corporativo.

PARTE 1

FUNDAMENTOS DA ALTA PERFORMANCE

"Gerenciamento de energia, não gerenciamento de tempo, é a chave para a alta performance com qualidade de vida."
Dr. Jim Loehr, especialista em desempenho humano

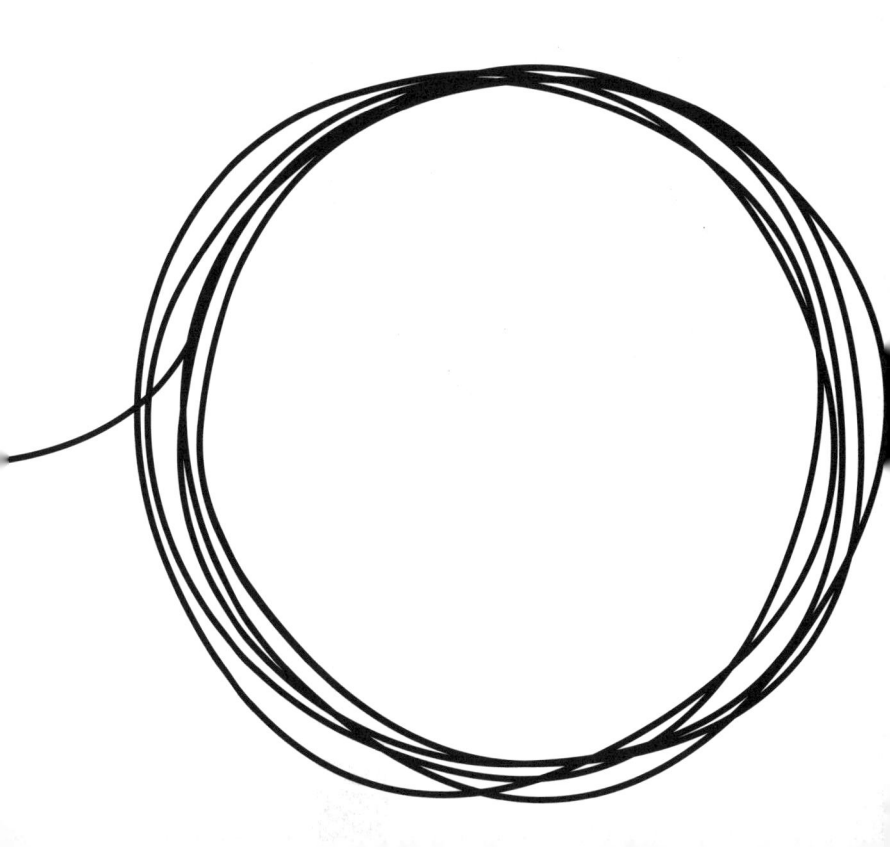

CAPÍTULO 01

MUITO ALÉM DAQUILO QUE PROJETARAM PARA VOCÊ

ERA UMA VEZ UM RAPAZ que nasceu na Áustria, em 1947, em meio aos escombros do pós-Segunda Guerra Mundial. Seu jovem coração tinha uma ambição: deixar sua terra natal, pois sabia, lá no fundo, que aquele pequeno lugar não poderia conter seus grandes sonhos. Entretanto, seus pais tinham planos mais seguros para ele. O pai queria que ele seguisse seus passos, tornando-se um policial; a mãe sonhava com uma vida "normal" para ele, na qual constituísse uma família.

Ele poderia ter seguido esses conselhos e expectativas, mas tinha a certeza de que estava destinado a algo muito maior. E, com seus objetivos em mente, ele começou a traçar uma história que hoje o mundo admira. Você provavelmente já ouviu falar dele. Seu nome? Arnold Schwarzenegger.

Iniciei este capítulo com "Era uma vez" porque essa história poderia muito bem ser um conto de fadas. No cerne desse gênero literário, os contos são narrativas que transmitem conhecimentos e valores culturais de uma geração para a outra. A história de Schwarzenegger, de determinação e superação, deve ser contada e recontada, servindo de inspiração para todos aqueles que se sentem aprisionados pelos sonhos e expectativas dos outros. Poderia, sim, ter iniciado este livro contando a minha história, que em muito foi subsídio direto para construção da metodologia e criação das ferramentas que você aqui encontrará. Mas quis iniciar ilustrando a história de um fora de série, no sentido mais puro e metafórico da palavra. Porque precisamos de ícones como Arnold que nos mostrem que mesmo em casos exponenciais, o sucesso é sempre resultado de nossas escolhas.

"Ter um objetivo é a primeira regra do sucesso. Se você não sabe aonde quer chegar, você vai acabar andando em círculo, sem direção", Arnold declara. E eu reforço: se você não sabe aonde quer chegar, pode facilmente acabar seguindo o sonho de outra pessoa, em vez do seu próprio.

Talvez você conheça alguém nesta situação ou quem sabe seja você mesmo: pessoas talentosas que, de alguma forma, acabam desempenhando um papel secundário em suas próprias vidas.

Quantas pessoas talentosas você conhece que estão deixando de viver seu propósito de vida, não realizando sua missão pessoal, não tornando realidade os seus sonhos de grandeza? O pior fracasso que pode acometer um ser humano é morrer sem ter manifestado seus talentos únicos, sem ter explorado todo o seu potencial.

Tenho uma conhecida, hoje com mais de sessenta anos, que viveu a vida inteira a agenda dos outros. Mas não foi sempre assim: em sua juventude e início da idade adulta ela seguiu sua paixão e se formou em Engenharia Química em uma universidade renomada. Dois anos após sua graduação veio o revés: seu pai teve um grave problema de saúde que o manteria acamado pelo resto da vida. Com sua mãe já falecida, sentiu-se na obrigação de interromper sua carreira para poder dedicar-se a ele. Os anos foram passando, o pai exigindo cuidados cada vez mais intensos, e todos os seus talentos ficaram por ali, por aqueles anos, varridos, por ela mesmo, para debaixo do tapete. O pai faleceu quando ela tinha mais de cinquenta anos. Nessa altura, seu sonho de juventude estava enterrado, ela não tinha mais disposição para perseguir seu sonho, e o mundo ficou sem conhecer a contribuição que ela poderia ter oferecido.

É essencial questionar se você está vivendo a vida que escolheu para si ou a que foi projetada pelos outros. Não estou sugerindo que devemos ignorar as responsabilidades e as demandas diárias, mas, sim, encontrar formas de aliar essas demandas à nossa missão pessoal.

Talvez você esteja tão absorto na vida que foi traçada para você, que seus sonhos mais íntimos tenham sido relegados a um canto esquecido de sua mente. Será que o seu dia a dia, o ritmo frenético da rotina, consumiu tudo o que você almejava?

É aquele famoso clichê: "matar um leão por dia". Embora repetido à exaustão, é ponto em comum entre executivos e esportistas, já que envolve a necessidade de manter altos níveis de performance e de resultados, ter uma energia física inesgotável e evoluir de forma permanente em busca de patamares cada vez mais elevados como profissional ou esportista. Sabemos que isso está longe da realidade da maior parte das pessoas.

O mais comum é intercalar curtos períodos de alta performance com tempos inférteis que se arrastam por dias ou talvez semanas, sem saber o que fazer e como para ter um desempenho regular, consistente e sem recaídas. Para muitos isso se traduz em uma sensação de montanha-russa: momentos curtos em que sua disposição física e agilidade mental estão nas alturas seguidos de dias de exaustão e prostração em que você se joga no sofá no domingo para ter condições de enfrentar a semana que vem pela frente. E, para piorar, essa mentalidade arraigada, comparando-se o tempo todo, vendo nos outros talentos natos em atividades que exigem de você um esforço sobre-humano para obter resultados medianos.

É comum entrar nessa espiral negativa e ter dificuldade de sair dela se você está envolvido em atividades que exigem alta performance por longos períodos, e mais ainda se precisar apresentar resultados cada vez mais desafiantes.

Entretanto, eu posso afirmar: não é preciso que seja assim. Não é necessário se esgotar para ter um desempenho consistente. Com o método exposto aqui você poderá alcançar altos níveis de desempenho de forma regular, mantendo a vitalidade física e a saúde mental e ao mesmo tempo experimentando uma evolução permanente no que faz.

E isso vai colocá-lo em patamares cada vez mais elevados de performance e, consequentemente, de resultados.

Ao final deste livro, minha expectativa é que você não só esteja mais perto de realizar o que sempre sonhou, mas também se sinta fortalecido e seguro do caminho que está trilhando e tenha clareza de aonde quer chegar. E, como Arnold, sinta-se abençoado por estar dedicando a sua vida a conquistar cada um dos seus sonhos.

CAPÍTULO 02
O TRIPÉ DA ALTA PERFORMANCE

IMAGINE PASSAR SETENTA e dois dias e noites cruzando o Oceano Atlântico confinado em um frágil barco desmontável de lona. Some-se a isso recursos escassos, condições climáticas implacáveis e uma quantidade incontável de imprevistos. Em uma situação tão extrema, o que você acha salvaria o navegante? A chave da sobrevivência seria uma rica bagagem técnica sobre navegação em pequenos barcos? Seria um corpo forte, resistente ao frio e à fome? Ou uma psique resiliente preparada para suportar um ambiente tão inóspito?

A história do alemão Hannes Lindemann é uma demonstração viva de que não é uma escolha entre um ou outro, mas, sim, a união imprescindível desses três elementos.

É um conjunto de três pilares que, quando equilibrados, permitem que qualquer um alcance a alta performance em qualquer área da vida, seja ela profissional ou esportiva. Esses três pilares são:

- Competência técnica naquilo que você faz;
- Energia física;
- Autodomínio mental e emocional.

Em 1953, logo ao começar sua carreira como médico, Hannes conheceu Alain Bombard, um francês, também médico, que se interessava pela sobrevivência no mar; ele queria entender as altas taxas de mortalidade dos navegantes que embarcavam em botes durante o período da Segunda Guerra Mundial. Decidiu testar na própria pele, navegando em um bote inflável das Ilhas Canárias a Barbados.

Lindemann ficou maravilhado e até mesmo desconfiado de algumas informações que Bombard trouxe na volta da experiência. Decidiu ele mesmo usar seu corpo – algo que fez com muita frequência durante o curso de Medicina – para, em suas próprias palavras "vivenciar os problemas dos náufragos; problemas de alimentação, mantendo o corpo saudável, evitando os perigos do mar e, finalmente, mantendo a mente saudável".

Acontece que, mesmo tendo um repertório técnico e um preparo físico invejável, a primeira tentativa de Hannes de atravessar o Atlântico, em 1955, foi um fracasso: faltava-lhe o preparo mental. Como ele mesmo afirmou em seu livro, *Alone at Sea*, o aspecto psicológico foi negligenciado e quase custou sua vida:

> Do ponto de vista físico, técnico e de navegação, eu me preparara cuidadosamente; porém, descuidara o aspecto psicológico. Por isso, vi-me numa situação extremamente difícil, que poderia ter acabado mal. Sabia que a maioria dos náufragos perde a vida devido ao pânico, ao medo ou ao desespero, muito mais do que em decorrência de necessidades físicas; também sabia que a psique em geral sucumbe antes do corpo.

Foi então que entendeu que o treinamento mental era tão importante quanto o físico e o técnico. Assim, começou a se preparar mentalmente com a mesma intensidade com que treinava seu corpo e ampliava seus conhecimentos técnicos. E, com esse novo pilar incorporado, ele conseguiu. Navegou por setenta e dois dias nas condições mais adversas a que um ser humano pode se submeter e sobreviveu a travessia do Oceano Atlântico.

Você não precisa comprar um bote inflável no primeiro *marketplace* on-line e ir para o litoral testar seus limites técnicos, físicos e mentais. Não é isso. Mas muitos de nós já enfrentamos ou ainda vamos enfrentar tempestades em nossas vidas e carreiras. E é aí que o Tripé da Alta Performance entra.

Quantos profissionais incríveis você conhece que tiveram suas carreiras ceifadas seja por um *burnout* ou mesmo por alguma doença que se desenvolveu pelo precário cuidado com sono e alimentação? Quantos ainda passarão por isso, por sempre colocarem à margem questões fundamentais para a manutenção de uma rotina intensa e cheia de compromissos?

A primeira grande lição deste livro: não se atinge a alta performance em nenhuma área da vida sem equilibrar esses três pilares.

Em meus mais de trinta anos como executivo e *coach*, noto que é comum as pessoas dedicarem tempo e esforços quase que exclusivamente para o desenvolvimento das competências técnicas, deixando de lado a saúde física e mental. Mesmo nos casos de atletas, isso não é muito diferente: o Terceiro Pilar – Autodomínio Mental e Emocional frequentemente é deixado de lado por eles.

Criei esse conceito dos três pilares justamente por ser tão simples de se visualizar e compreender. Imagine uma banqueta com três pernas. Se uma das pernas for mais curta que as outras, a banqueta ficará instável. Se uma perna quebrar a banqueta cairá. Para mantê-la equilibrada e estável, todas as pernas devem ser igualmente fortes e do mesmo tamanho.

Não se trata só de saúde mental, mas tem muito a ver com saúde mental

Em 2020, atendi a um cliente de *coaching*, o Marcos[1], um executivo brilhante na área de Tecno-

---

1 Todos os nomes foram trocados ao longo do livro de forma a manter a privacidade e o sigilo dos clientes. [N. A.]

logia da Informação, que estava passando por uma mudança radical em sua área profissional.

Meu cliente beirava seus quarenta anos, tinha uma família linda, com dois filhos jovens, e havia já conquistado uma reserva financeira confortável. Logo mencionou que gostaria de investir boa parte dessa reserva em um pequeno café temático, cujo planejamento estratégico já se encontrava bem avançado.

Em nossa primeira sessão, identifiquei nele um profissional extremamente estressado, na fronteira do *burnout*, doença recentemente reconhecida e classificada pela Organização Mundial da Saúde (OMS) como doença ocupacional[2]. Por mais de uma hora, falamos de seus últimos anos profissionais e os percalços que enfrentara: a constante sobrecarga de trabalho, a submissão a uma liderança tóxica e tudo que esses pontos traziam como consequência. Resultado? Esses fatores foram se juntando, o que o fez pedir demissão na empresa, pensando em preservar sua saúde física e mental.

....
2 A Síndrome de *Burnout*, ou Síndrome do Esgotamento Profissional, foi classificada pela OMS como uma doença ocupacional no dia 1º de janeiro de 2022 — uma doença ocupacional é uma doença que surge por causa do trabalho. [N. A.]

À medida que ele me contava sua trajetória, por trás daquela camada de irritação e exaustão, começava a aparecer um profissional extremamente qualificado e apaixonado pelo que fazia. Ele estava esgotado, sim, mas seu talento e sua inclinação para aquele trabalho que fez por toda a vida eram visíveis, apenas, por aquele momento, se encontrava latente. A cada minuto ficava claro para mim o risco que ele corria de abandonar sua missão pessoal e embarcar em um projeto de risco com pouca afinidade com seu perfil. Parecia-me o caso típico do profissional que perdera o contato com sua essência em decorrência da sobrecarga dos últimos tempos e que já não encontrava prazer em sua atividade não por características intrínsecas a ela, mas por fatores externos que poderiam ser contornados.

Com essa percepção em mente, quase ao fim da sessão lancei uma pergunta, uma instigação proposital, a ele: "Marcos, vamos supor que eu o ajude a encontrar um ponto de equilíbrio que lhe permita cuidar mais de você e de sua família e manter um estilo de trabalho mais saudável, ainda assim você continuaria querendo abrir um café?" No que ele abriu um sorriso largo e prontamente respondeu: "Lógico que não. Se fosse possível trabalhar em TI dessa forma, eu não sairia nunca da área!"

Encerramos a sessão com o projeto da cafeteria postergado e a decisão de ele voltar à área de TI em novas condições, o que aconteceu em menos de dois meses após essa sessão de *coaching*.

O que quero mostrar com o caso do Marcos? Se o sonho de sua vida for abrir um pequeno e calmo café em um bairro sossegado, trabalharemos juntos, ao longo deste livro, com ferramentas e técnicas potentes para que você reflita e encontre a melhor forma de atingir a alta performance nesse seu negócio. Agora, se esse café for apenas uma fuga, um subterfúgio, porque um dos seus três pilares encontra-se bambo, trabalharemos em seu fortalecimento, de forma que você entenda a importância de equilibrar os três como catalisador do seu sucesso.

Como estão seus três pilares?

Ainda sem conhecer as ferramentas a fundo, pare por um momento para refletir como você anda em cada um dos três aspectos necessários para a alta performance:

- Competência Técnica naquilo que você faz, seja uma atividade profissional ou um esporte;
- Energia Física;
- Autodomínio Mental e Emocional.

No Anexo 01, disponível no QR Code presente na página 63, você encontrará um *assessment* para avaliar-se e ter mais clareza quanto aos pontos a melhorar.

CAPÍTULO 03

TRANSFORMANDO LIMITAÇÕES EM PONTOS FORTES

VISUALIZE A SEGUINTE CENA: um executivo, sentindo-se estagnado em sua carreira, fazendo uma sessão de coaching comigo para impulsionar seu crescimento profissional. Ao conversarmos, ele me revela: "Não consegui a promoção ao cargo de diretor". Imediatamente, eu retruco: "Isso não é um problema; vamos identificar e aprimorar as competências que faltaram para a vaga. Quais foram as lacunas apontadas pelos recrutadores?". "Na verdade, eu nem cheguei a me candidatar à vaga", ele responde.

Por mais surpreendente que pareça, essa situação é mais frequente do que você imagina e do que eu gostaria que fosse. A tendência de não assumir responsabilidade pelas próprias ações, ou, nesse caso, pela ausência delas, é extremamente comum, inclusive entre aqueles que ocupam posições de liderança.

Tais nuances de personalidade, como ilustrado no exemplo, é o que Carol Dweck, uma das maiores referências mundiais nos campos da personalidade, psicologia social e psicologia do desenvolvimento, rotula como *mindset* fixo. Esse termo se refere à crença de que as habilidades e competências são imutáveis – ou seja, que não existe um caminho para se desenvolver e superar suas falhas e lacunas.

No entanto, tenho uma novidade encorajadora para você: mesmo diante de fracassos e contratempos na vida, você não precisa permanecer nesse estado! A partir de agora, você pode começar a mudar seu *mindset* e cultivar o que eu denomino "Mentalidade Proativa". Com ela, você passa a ser o condutor, o protagonista do seu destino, não apenas um mero espectador.

Como discutido no capítulo anterior, seus três pilares podem (e devem) ser aprimorados. Porém, para que isso aconteça, eles necessitam ser trabalhados – e tudo começa pela mentalidade. Raramente essas competências são inatas: Darwin era apenas um aluno mediano; Michael Jordan, por outro lado, foi cortado da equipe de basquete de sua escola.

Stephen Covey, consagrado escritor americano e autor do best-seller "Os Sete Hábitos das Pessoas Altamente Eficazes", tem em sua obra uma frase que me impactou profundamente: "É nosso consentimento, nossa permissão para que as coisas aconteçam a nós que nos fere muito mais do que os eventos propriamente ditos".

Por essa razão, Covey enfatiza "ser proativo" como o primeiro hábito de seu livro, alegando que a proatividade vai além de tomar a iniciativa; ela implica assumir a responsabilidade pela sua vida. É a capacidade de enfrentar qualquer evento que a vida ofereça e filtrá-los através de um funil de valores, estando ciente de que a resposta será intencional e baseada nesses critérios, e não reativa e moldada pelas circunstâncias, conforme ilustrado na imagem a seguir.

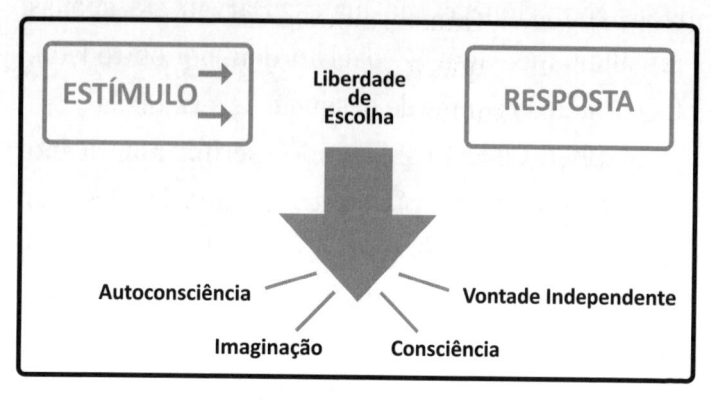

```
┌─────────────────────────────────────────────┐
│  ┌──────────┐    Liberdade    ┌──────────┐  │
│  │ ESTÍMULO │→       de       │ RESPOSTA │  │
│  │          │→    Escolha     │          │  │
│  └──────────┘       ⬇         └──────────┘  │
│                                             │
│   Autoconsciência  ╱│╲  Vontade Independente│
│          Imaginação   Consciência           │
└─────────────────────────────────────────────┘
```

MODELO PROATIVO

Transformando-se em um mestre naquilo em que você carece

Ayrton Senna é conhecido mundialmente pelo seu desempenho excepcional em pistas molhadas. E embora isso possa parecer apenas um talento inato em situações adversas, a verdade é que em sua primeira corrida de kart em pista molhada, Senna teve um péssimo desempenho.

O que poderia ter gerado um pensamento de mentalidade fixa do tipo *Pista molhada não é meu forte, preciso torcer para não chover nos meus campeonatos*, transformou-se em Senna em pura ação: conta-se que, a qualquer sinal de chuva, Ayrton saía de Santana, bairro distante onde morava, e se dirigia para Interlagos para treinar, com foco em aperfeiçoar sua pilotagem na chuva.

Sua disciplina era tão intensa, que toda a equipe já sabia: choveu, Senna aparecerá na pista; portanto, vamos deixar o kart preparado.

Veja que a mentalidade de crescimento, como Dweck a denomina, ou mentalidade proativa, como prefiro chamar, acarreta algo muito mais significativo: a predisposição para o aprendizado contínuo.

Se você tem a convicção de que é possível aprender e se desenvolver em qualquer coisa, sua motivação para agir será completamente diferente daquela de pessoas com mentalidade fixa.

Ayrton Senna não apenas conseguiu pilotar melhor em pistas molhadas como essa habilidade se tornou ímpar em sua carreira, graças à mentalidade proativa que sempre caracterizou sua trajetória como piloto. Em função disso, Senna ainda hoje é considerado um dos melhores pilotos do mundo em chuva.

Em uma escala diferente, eu vivi uma experiência parecida, também em uma pista de kart. A razão para compartilhar minha história pessoal neste capítulo é reforçar a ideia de que o tamanho de suas ambições ou o nível de seu sucesso atual são irrelevantes quando se trata do valor inestimável da disciplina e persistência. Esses são sempre os componentes fundamentais para o autodesenvolvimento permanente.

Desde a minha adolescência, o automobilismo sempre pulsou como uma paixão inextinguível dentro de mim. Por ser um esporte cujo investimento era altíssimo, tratei de deixá-lo de lado na juventude, já que não fazia sentido na época para a realidade financeira de minha família.

Depois de alguns anos de formado e já engajado numa carreira profissional bem-sucedida como executivo, a questão financeira deixou de ser o principal motivo que me mantinha longe das pistas. Agora, eu me via com quatro filhos que me exigiam tempo e dedicação. Mas qualquer sonho de realização reprimido, em algum momento, aflora, na tentativa de se manifestar

No início dos anos 2000, uma modalidade de kartismo começou a surgir e a se organizar. Primeiro apenas como lazer, o *kart indoor* começou a ganhar espaço, a se estruturar como esporte. Começaram, então, a surgir os campeonatos com regulamentos sérios, regras claras, classificação e premiação. Os anos passaram e no fim de 2014 alguns colegas de trabalho se organizaram para correr num kartódromo nos arredores de São Paulo e, sem saber que o automobilismo era minha paixão, convidaram-me. Nessa altura eu estava com 61 anos, porém, com a empolgação de um garoto de 12. O melhor? Eu participei da corrida e fiquei em um excelente segundo lugar!

Empolgado pela minha excelente colocação, saí da pista e me dirigi ao deck, onde dava para assistir à próxima corrida. Eram mais de trinta pilotos bastante competitivos, todos com aqueles clássicos macacões de piloto. Curioso, procurei saber se era possível participar, e o organizador me contou que se tratava de um campeonato anual, que, embora amador, era nos moldes do tradicional, até com troféus como prêmio para os seis primeiros colocados. Pronto, o sonho adormecido acordara. Combinamos que eu iniciaria no campeonato de 2015 dali a 3 meses.

Aguardei ansiosamente a primeira corrida na expectativa de mais uma vez ter um resultado brilhante. Mas foi uma decepção.

Mais do que isso... Foi um verdadeiro balde de água fria.

Fiquei em último lugar! E não bastasse isso ainda levei uma volta dos primeiros colocados. Imediatamente comecei a me comparar, e o *mindset* fixo tomou conta dos meus pensamentos: *Como posso pretender disputar um campeonato com pilotos que são décadas mais jovens que eu?; Estou muito velho para isso; Melhor sair fora pra não passar mais vergonha; Não tenho talento. Ficar em último não é prova disso?*

Felizmente, nessa altura da minha vida eu já havia feito inúmeras formações em *coaching* e sabia identificar a manifestação da mentalidade fixa e substitui-la pela mentalidade proativa. Eu já adotava boa parte desse método que desenvolvi e que você vai conhecer ao longo do livro, e aplicava as ferramentas que você encontrará aqui. Isso me ajudou a não cair nesse círculo vicioso dos pensamentos paralisantes da mentalidade fixa.

Imediatamente procurei adotar uma nova atitude baseada na Mentalidade Proativa. Comecei com uma autoanálise para tomar consciência do nível de pilotagem em que me encontrava. Com isso em mente, passei a analisar as iniciativas que deveria traçar para melhorar meu desempenho de forma gradativa. E dali surgiu um plano de ação consistente que coloquei em prática na mesma hora e que me tirou desse estado de paralisia.

Com essa nova mentalidade, fui aprendendo técnicas de pilotagem, aprimorando meu condicionamento físico e desenvolvendo o lado mental e emocional da pilotagem. O resultado? Comecei a subir no pódio com regularidade.

Hoje, enquanto escrevo este livro, aos 69 anos de idade, continuo pilotando e evoluindo como piloto. Disputo campeonatos e provas de longa duração de igual para igual com pilotos que são muito mais jovens que eu. E, independente de subir no pódio, que, sim, importa, o esporte continua me trazendo grande prazer e realização, o que importa muito mais.

Uma curiosidade? Seguindo os passos do Senna, sempre aproveito a oportunidade para treinar quando chove. Pilotar na chuva é uma experiência que eu adoro!

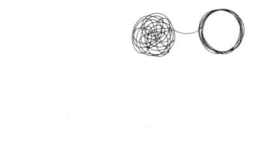

CAPÍTULO 04
O PODER DE UM MODELO DE MUDANÇA SUSTENTÁVEL

QUANTAS VEZES VOCÊ decidiu começar algo novo – uma rotina de exercícios, aprender um novo idioma ou começar uma dieta – e "queimou a largada"?

Levantou tanto peso na academia, que mal conseguia mexer os braços no dia seguinte; passou horas a fio tentando aprender o tempo verbal perfeito em francês ou iniciou uma dieta tão restritiva que desistiu antes mesmo de terminar a primeira semana?

Se você se viu balançando a cabeça em concordância, não se preocupe – você está no mesmo barco que a maioria de nós! E o que normalmente nos faz naufragar é a falta de autoconhecimento e de compreensão de onde estamos quando decidimos embarcar em uma viagem da mudança comportamental.

Por sorte, tenho uma boa notícia para você: existe um mapa pronto para ajudar a identificar em que "porto" você está antes de zarpar rumo à transformação. Esse mapa é conhecido como Modelo

Transteorético de Mudança de Comportamento (MTT) e foi desenvolvido pelos psicólogos James Prochaska e Carlo DiClemente em 1982.

Eles identificaram seis estágios ou fases em qualquer jornada de mudança. A figura abaixo apresenta cada uma delas.

1. Pré-contemplação;
2. Contemplação;
3. Preparação;
4. Ação;
5. Manutenção;
6. Recaída.

Modelo Transteórico de Mudança

CONTEMPLAÇÃO
Indivíduo está contemplando a mudança.

PRÉ-CONTEMPLAÇÃO
Indivíduo não está considerando a mudança.

DECISÃO
Indivíduo decide realizar a mudança.

RECAÍDA
Indivíduo retorna ao comportamento pré-mudança.

MUDANÇA ATIVA
Indivíduo muda o comportamento.

MANUTENÇÃO
Indivíduo mantem o novo comportamento.

O MTT é como um GPS, ajudando você a identificar em que ponto da jornada de mudança você está atualmente. Munido desse conhecimento, você pode planejar estratégias apropriadas para navegar por cada fase até que o novo comportamento desejado se torne natural, e recaídas sejam coisa do passado.

AS FASES DO MTT

A primeira fase, o estágio de **pré-contemplação**, é aquela em que há uma resistência em reconhecer e identificar um problema, não compreendendo, portanto, a necessidade de mudança. Você já aconselhou alguém a parar de fumar e essa pessoa retrucou "Eu consigo parar quando quiser, só não quero agora"? Esse é um típico exemplo de uma pessoa na primeira fase, que não compreende, no caso, a dimensão do vício e, portanto, do próprio problema.

A **contemplação**, etapa seguinte, é quando a pessoa já está enxergando a necessidade da mudança, mas não toma nenhuma ação para que, de fato, isso aconteça. Proschaka diz que "contemplação é saber para onde você quer ir, mas ainda sem sair do lugar".

A etapa da **preparação** é o estágio em que a pessoa já criou internamente a vontade de mudar e tem um plano de ação para ser implementado no curto prazo. É o famoso pensamento "*Na segunda--feira eu começo a dieta*".

A fase da **ação** é quando as decisões e atitudes realmente começam a ser executadas e frutos começam a ser colhidos. Nessa fase, o processo de mudança começa a acontecer de forma natural, disciplinada e constante.

E a partir daí você entra no estágio da **manutenção**, extremamente importante para você consolidar esse novo comportamento e impedir ou, ao menos, minimizar eventuais recaídas.

Embora seja possível chegar ao ponto em que a mudança se consolidou de forma sustentável, ou seja, quando a mudança é de fato incorporada e não há mais recaídas, nem sempre os processos são lineares – o caminho não necessariamente é da primeira fase para a segunda até chegar à sexta. As recaídas, os retrocessos, se ocorrerem, têm que ser tratados com naturalidade, e a disciplina em saber voltar ao processo é muito mais importante do que a preocupação em encarar as fases de forma linear.

A JORNADA DE MÔNICA

Em 2019, fui contratado por uma multinacional para conduzir um processo de *coaching* com a diretora de TI da empresa. Mônica, uma profissional que beirava a genialidade, possuía uma competência técnica excepcional e uma sólida carreira que provocava admiração de todos... exceto de quem trabalhava diretamente com ela.

Logo no início do processo, percebi que ela tinha o típico perfil da líder disfuncional: era totalmente focada nas questões técnicas e financeiras de sua área, enquanto as pessoas eram deixadas em segundo plano. A consequência? Seu departamento tinha os piores indicadores de toda a empresa, quanto a *turnover* e taxa de retenção.

Seu mantra parecia ser "resultados acima de tudo e a qualquer custo". Era uma líder absolutamente intolerante a erros. Não importava se o deslize partia de um estagiário ou do presidente da empresa – qualquer equívoco desencadeava nela uma reação que culminava na perda do controle, do respeito e, muitas vezes, da razão.

Logo ficou claro para mim que Mônica se encontrava na fase de pré-contemplação. Ela ainda não reconhecia seu comportamento abusivo como um problema. Durante algumas sessões, mergulhamos em um intenso processo de reflexão e autoconhecimento. Rapidamente ela começou a enxergar os impactos negativos de seu estilo de liderança. Isso foi suficiente para ela engajar-se num programa voltado a mudar seu padrão de comportamento reativo e transformá-lo em uma comunicação intencional, que não apenas permitisse alcançar os resultados técnicos e financeiros desejados, mas que também preservasse um clima de trabalho saudável e promovesse uma cultura corporativa positiva.

Hoje, mais de três anos após aquela primeira sessão, Mônica continua na mesma empresa, mas sua história é bem diferente. Ela se tornou uma das principais referências quando se trata de retenção de talentos.

Recentemente, Mônica me confidenciou algo tocante: não foi só a empresa que ganhou nessa história. Sua família também se beneficiou muito com sua transformação.

Em qualquer jornada de mudança pessoal em que queiramos embarcar, a autopercepção clara da fase em que nos encontramos ajuda-nos a descortinar o que tem que ser feito e o nível de suporte de que vamos necessitar. Mônica só atingiu esse nível de sucesso ao despertar para um problema que necessitava de autoconsciência. Ao percorrer as etapas do MTT – e, sim, houve recaídas ao longo do caminho – a executiva não só se transformou numa líder mais eficiente para sua equipe, mas também numa pessoa mais completa para o mundo.

A PLURALIDADE DO MTT

No Brasil, o Modelo Transteórico foi muito disseminado na aplicação em planos de emagrecimento. Mas o MTT vai muito além desse contexto. Ele abarca inúmeras possibilidades de utilização. No ambiente de trabalho e também quando falamos de alta performance nos esportes, o Modelo é uma ferramenta fundamental para o *coach* avaliar o nível de comprometimento do *coachee* ao longo de todo o processo e prover o suporte e as ferramentas adequadas em cada uma das fases.

Um estudo realizado com trinta mulheres acadêmicas de STEAM e da Medicina utilizou o modelo para testar como ele poderia contribuir para a melhoria da eficiência dessas líderes. Quando comparada a avaliação pré e pós-aplicação do modelo, notam-se ganhos na autoeficácia da liderança, no quesito de melhora da autoestima, na maestria pessoal e na diminuição de possíveis constrangimentos pessoais. A pesquisadora Nathália Susin afirma: "O MTT demonstrou, portanto, ser um instrumento útil para acessar a autoeficácia e as crenças sobre a própria capacidade de liderança. Além disso, os estágios e os processos de mudança forneceram um contexto rico para examinar o impacto da intervenção, que facilitou a preparação das participantes para engajarem-se em comportamentos de liderança".

Nota-se, portanto, que é um modelo que pode e deve ser utilizado nas mais diferentes áreas.

Muitos dos meus clientes, depois de um primeiro Ciclo de *coaching*, continuam a fazer sessões de manutenção periódicas, pois, como vimos, trata-se de uma fase essencial para minimizar retrocessos e recaídas na jornada da mudança pessoal. Nessas sessões de manutenção, também é comum eles trazerem novos desafios para eu ajudá-los a identificar em que fase estão e novamente apoiá-los com o suporte e as ferramentas adequadas.

Vale a pena ressaltar também a aplicação do MTT nos esportes, ajudando a entender e promover a mudança de comportamento em diversos aspectos, como treinamento, nutrição, descanso e a recuperação de lesões.

O Modelo também ajuda muito na definição de metas de treinamento e na preparação do atleta para as competições.

Espero que, nesta altura do livro, esteja claro para você que meu objetivo é ajudá-lo a atingir metas de alto desempenho com qualidade de vida, e o MTT é um modelo muito relevante para quem quer elevar-se a patamares superiores de desempenho e de resultados.

Internalizar o MTT vai aumentar muito sua consciência sobre os comportamentos que quer mudar e o estágio em que você se encontra em relação a cada um deles, e vai ajudá-lo também a identificar as barreiras que podem estar impedindo seu progresso.

Para finalizar, gostaria de reforçar que a aplicação do MTT exige grande comprometimento e persistência para trazer resultados concretos. No entanto, ao incorporá-lo em seu dia a dia, você desfrutará de grandes benefícios que irão repercutir em várias áreas de sua vida, incluindo um aumento no desempenho, uma melhoria na qualidade de vida e um avanço significativo no seu bem-estar.

Está pronto para iniciar sua jornada de mudança para uma vida mais plena?

PARTE 2

APLICANDO O MÉTODO DA ALTA PERFORMANCE

"Descobrir quem você é e ser fiel a si mesmo é o primeiro passo para a excelência."
Robin S. Sharma

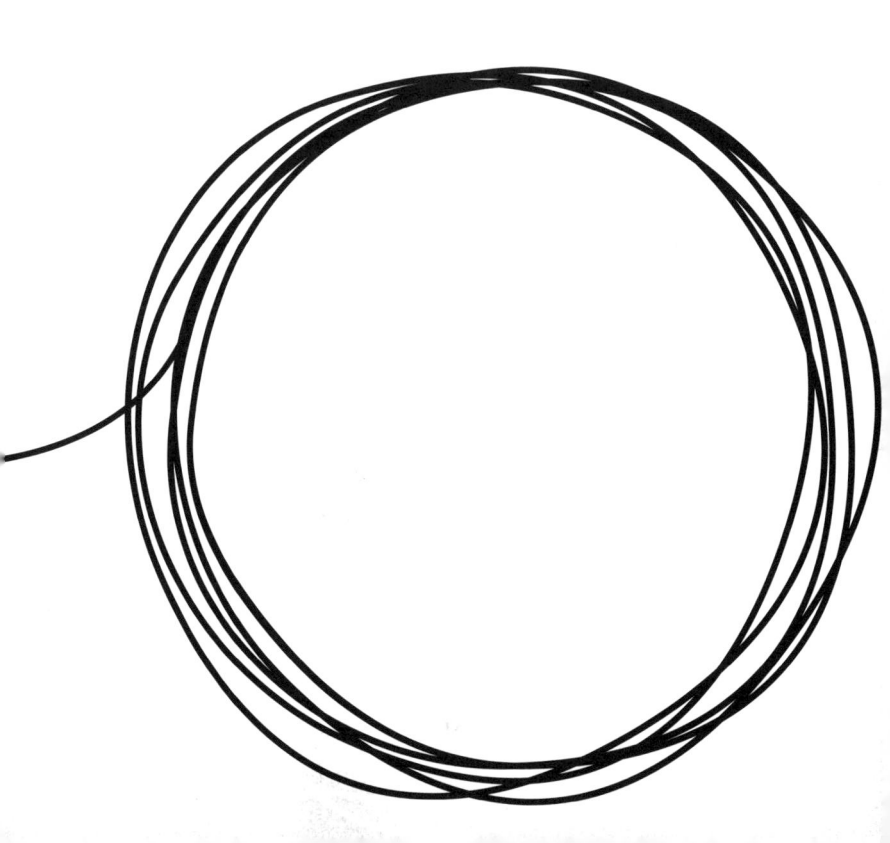

CAPÍTULO 05

A JORNADA DO AUTOCONHECIMENTO

HÁ UMA FRASE INSPIRADORA atribuída ao cientista Isaac Newton: "Se cheguei até aqui foi porque me apoiei nos ombros de gigantes". Sempre apreciei a humildade embutida nessas palavras, um reconhecimento franco ao papel que determinadas pessoas desempenham em nossas conquistas.

Entretanto, recentemente me ocorreu um pensamento intrigante: nem sempre esse gigante precisa ser uma outra pessoa. Ele pode ser você mesmo – um gigante adormecido que habita em cada um de nós.

Então, como despertar esse gigante interior que pode ser um verdadeiro catalisador para o nosso sucesso? A resposta está em uma única palavra: autoconhecimento!

A FORÇA DA SUA HISTÓRIA PESSOAL

Antes de explorarmos as ferramentas que serão essenciais para você alcançar a alta performance em qualquer área que desejar, é vital que você tenha um entendimento claro do seu passado e do seu estado atual. Só então poderemos planejar o futuro juntos. Não compartilharei *cases* ou histórias pessoais aqui, porque quero que você seja o protagonista deste capítulo!

John Butler, palestrante e autor de diversos livros, entre eles *Crossing the rubicon, seven steps to writing your own personal strategy*, diz que:

> Sem entender quem você foi e o que significou sua jornada, é difícil decidir o caminho que você quer seguir. Sua trajetória é uma parte fundamental de quem você é hoje, bem como do que você faz no momento e de suas perspectivas daqui para a frente.

Você já parou para refletir sobre sua trajetória profissional ou esportiva? Que momentos, ações ou transformações o levaram ao ponto onde você está agora? Você tem clareza quanto a seus erros e acertos, pontos fortes e a desenvolver, e valores pessoais? Quanto eventos passados impactaram sua vida e como isso repercute agora? Como você superou obstáculos e dificuldades? Que aprendizados você tirou disso tudo?

O autoconhecimento é a base para todas as ferramentas que apresentarei a seguir, porque é através dos *insights* e aprendizados que ele proporciona que você será capaz de aproveitar ao máximo todas as estratégias apresentadas neste livro.

Por isso, convido você a mergulhar profundamente neste capítulo. Dê a si mesmo o tempo que for necessário para explorar as cinco áreas temáticas e perguntas que apresento a seguir, inspiradas no livro de John Butler.

1. Primeiras influências

Quais são as memórias – positivas e negativas – de sua primeira infância? Como isso influenciou seu desenvolvimento, sua maturidade e sua personalidade? Quanto de sua vida atual e de seu caráter reflete seus pais ou cuidadores? Como foi sua adolescência? quais eram suas atividades, amizades e interesses? De forma geral, qual a influência desse período em sua história pessoal?

2. Anos de escola

Vamos refletir sobre seu *background* educacional e suas experiências escolares. A partir de sua primeira experiência escolar até sua graduação ou pós-graduação, o que você aprendeu? Você completou todos os cursos? Que outros cursos ou atividades extracurriculares você frequentou? A partir dessa perspectiva, o que você faria diferente hoje? Do que se arrepende? Que impressão duradoura os estudos deixaram em você? Como isso influencia você atualmente em sua atividade profissional ou esportiva?

3. Vida familiar atual

Onde você mora? Como aconteceu de você estar vivendo nessa condição? Como você mora? Com quem? Como se formou essa unidade familiar? Quais têm sido as alegrias e as tribulações de viver como você vive e com essas pessoas? O que está funcionando bem? O que precisa melhorar?

4. Saúde, hobbies e vida social

Quais são suas realizações até o momento em termos de hobbies e outras atividades sociais? Como é sua saúde e seu histórico médico? Ao longo do tempo, você manteve um estilo de vida saudável, equilibrando sua atividade principal com sua vida pessoal? E quanto a alimentação e hidratação? Você dedica o tempo necessário para descanso e sono?

5. Trabalho e esportes

Comece a partir da primeira atividade que você identifica como trabalho, não importa quão básica tenha sido. Se você é um esportista, considere a partir do primeiro momento em que começou a se dedicar a esse esporte visando resultados além do puro lazer. Avalie cada etapa a partir do início, destacando o que fazia e seu nível de engajamento, responsabilidades e habilidades. Qual era seu objetivo no início? Quais eram suas aspirações à medida que você progredia? O que você atingiu ao longo do tempo? Que erros cometeu? O que você aprendeu em cada uma dessas fases? Com o conhecimento que você tem hoje, quais são seus principais motivadores? De que você menos gosta? Lembre-se das fases difíceis. O que fez com que você prosseguisse? Quem foram seus principais incentivadores? Seus mestres, formais ou informais?

Leve o tempo que for necessário para concluir essa autoanálise e extrair dela o máximo de *insights* possível, internalizando esses aprendizados.

NÃO BASTA CONHECER SUA HISTÓRIA, É ESSENCIAL ENTENDER OS VALORES QUE REGEM SUA VIDA

Após esse mergulho profundo na autoanálise, é fundamental que você tenha claro quais são os valores que o impulsionam. Lembra-se de alguma decisão que tomou e cujo resultado foi o oposto do que você esperava? É provável que, ao tomar essa decisão, você tenha ignorado seus valores pessoais.

E o que são, de fato, os nossos valores? Basicamente é tudo aquilo que é importante para nós e que rege a nossa forma de viver. Eles podem ser moldados e fortalecidos ao longo do tempo, podendo ser transformados ou redefinidos, mas sempre são preservados em sua essência.

Antes de continuar a leitura, peço que você reserve vinte minutos de seu tempo para o exercício que encontrará escaneando o QR Code na próxima página. Uma lista dos valores mais presentes nas pessoas estará à sua disposição para você avaliar os que realmente importam em sua vida e que regem suas decisões e seus comportamentos.

VOCÊ ESTÁ PRONTO PARA FALARMOS DE PERFORMANCE?

Chegamos ao tema que talvez você estivesse aguardando ansiosamente. Ou, quem sabe, aquele do qual você estivesse fugindo. Seja como for, vamos direto ao ponto: como está, atualmente, a sua performance?

Qual é a área da sua vida profissional ou esportiva na qual você mais precisa melhorar? E aquela em que você se destaca com facilidade?

Sem esse nível de autoconhecimento é muito difícil definir quais áreas necessitam de mais atenção para melhorar seus resultados. Você se sente preso numa rotina monótona? Está colocando sua energia apenas nas habilidades que já domina? Eu tenho uma péssima notícia para você: isso não vai fazer você crescer.

Para ajudar meus *coachees*, desenvolvi uma ferramenta que os auxiliará na autoavaliação dos pilares que impactam diretamente seu desempenho. O Mapa de Autoavaliação da Alta Performance (MAAP) avalia o Tripé da Alta Performance, com ênfase nas habilidades mentais e emocionais necessárias para se sobressair naquilo que faz. Nesta ferramenta, listo oito pilares – explicados detalhadamente abaixo – fundamentais para a alta performance. Após compreender cada um deles, peço que se autoavalie em uma escala de zero a dez. Depois, preencha a escala da roda de acordo com sua autoavaliação.

Proatividade

É a garantia de sucesso em qualquer atividade. Significa assumir total responsabilidade pelos seus resultados, sem dar desculpas ou achar culpados quando as coisas não vão bem ou não dão certo.

Motivação

Capacidade de se empenhar totalmente no atingimento dos seus objetivos, dando o máximo de si, correndo riscos calculados e procurando desenvolver-se cada dia mais.

Autoconfiança

Acreditar em sua capacidade de ter alto desempenho naquilo que você faz e de atingir os resultados que você se propõe.

Intensidade

Capacidade de atingir a intensidade física e cognitiva ideal antes e durante a execução do seu trabalho ou prática esportiva. É importante ressaltar que tanto intensidade excessiva quanto a falta dela prejudicam sua performance.

Foco
Capacidade de manter-se focado por longos períodos, de forma dinâmica e ampla, no que você está fazendo.

Autocontrole Emocional
Capacidade de expressar emoções positivas frequentemente e de direcionar as emoções negativas, sobretudo em situações adversas em sua profissão ou esporte.

Energia Física
É ter uma condição física adequada para executar seu trabalho ou seu esporte com alto desempenho, de forma consistente, sem perder performance ao longo do tempo.

Competência Técnica
É o nível de conhecimento que você tem de sua área profissional ou das técnicas do esporte que pratica.

```
        Proatividade
Competência          Motivação
  Técnica

Energia Física          Autoconfiança

  Autocontrole        Intensidade
   Emocional
          Foco
```

O autoconhecimento é o primeiro passo para alcançar seus objetivos. É como estudar um mapa antes de fazer uma viagem, coletando todas as informações necessárias para poder definir a melhor rota antes de iniciar.

Agora que você concluiu sua jornada de autoconhecimento, respire fundo e prepare-se para uma viagem incrível em direção aos seus sonhos mais preciosos!

CAPÍTULO 06
REESCREVENDO SUA HISTÓRIA PESSOAL

EM UM TEXTO SAGRADO do Dhammapada[3], encontra-se a seguinte frase: "Somos o resultado dos nossos pensamentos". Independentemente de religião e fugindo de uma abordagem dogmática, o que trago nesta reflexão e busco abordar neste capítulo é a importância de tomar posse dos nossos próprios pensamentos, não agindo de forma automática, e sem se deixar levar.

É PRECISO SABER O QUE SE QUER

Ter consciência dos seus pensamentos não basta se você não tem uma compreensão clara de quem você é e do que deseja. O capítulo anterior, no qual mergulhamos nos processos de autoconhecimento, foi a base para essa

....
3   O Dhammapada, ou Caminho do Dharma, é um escrito budista tradicionalmente considerado como tendo sido composto pelo próprio Buda, tornando-se o mais conhecido e traduzido texto budista.

autoanálise, que será alicerce para criar a sua nova realidade.

Seu inconsciente não diferencia entre o que é prejucial ou benéfico para você. Ele foca o que ocupa a sua mente a maior parte do tempo e procura mantê-lo alinhado a pessoas, situações e circunstâncias que favorecem o atingimento daquilo que está em seu campo de atenção.

A única maneira de não viver a agenda dos outros ou não atrair aquilo que você não quer é ter objetivos específicos e mensuráveis. Esses objetivos precisam estar alinhados com sua essência interior, livres das expectativas, escolhas e decisões que os outros estabeleceram para você.

Eu entendo o quão desafiador pode ser libertar-se dessas expectativas, que são impostas a nós ao longo de nossas vidas. Quando crianças, já temos idealizações de nossos pais sobre educação, religião e formas de encarar a vida; antes mesmo dos dezoito anos já precisamos decidir qual será nosso futuro: curso universitário? Técnico? Serei acadêmico? Executivo? Essas escolhas, além de tomadas num momento de imaturidade, têm muito pouco de livre arbítrio e, geralmente, são fruto das receitas e hábitos automatizados da sociedade.

Não importa em qual momento da vida você se encontra – se está começando sua vida profissional ou esportiva ou já em um estágio avançado –, nunca é tarde para entender essa "primeira criação" que você recebeu passivamente e partir para a segunda: a criação da **sua** verdadeira realidade.

Stephen Covey, autor do best-seller *Os 7 hábitos das pessoas altamente eficazes*, aborda de maneira eloquente esse conceito das duas criações:

> Por princípio, todas as coisas são criadas duas vezes, mas nem todas as criações iniciais acontecem por vontade consciente. Em nossas vidas pessoais, se não aprimorarmos a autoconsciência e nos tornarmos responsáveis pelas criações iniciais, transferiremos a outras pessoas, fora do nosso Círculo de Influência, o poder e as condições para determinar grande parte de nossas vidas, por pura omissão. Vivemos de modo reativo os papéis designados para nós pela família, por companheiros de trabalho, por agendas alheias e pelas pressões das circunstâncias. Esses papéis se originam em nossa infância, no treinamento e no condicionamento. Esses papéis sociais vêm

de pessoas, não de princípios. Eles se apoiam em nossas maiores fraquezas, em nossa profunda tendência a depender dos outros e em nossa necessidade de aceitação, amor, de sentir que somos importantes, queridos e valorizados. Quer tenhamos noção disso ou não, quer controlemos isso ou não, existe uma criação inicial em todos os setores de nossas vidas. Somos a segunda criação de nosso planejamento proativo, ou então a segunda criação das receitas dos outros, ou das circunstâncias, ou dos hábitos passados. As faculdades humanas únicas, como a autopercepção, a imaginação e a consciência, nos permitem observar as criações iniciais e nos possibilitam assumir o controle de nossa própria criação inicial, escrevendo nosso próprio papel.

O segundo hábito apresentado no livro de Stephen Covey é, justamente, "Começar com o objetivo na mente". O autor afirma que ter um objetivo na mente é ter uma compreensão clara de onde você partiu e aonde você quer chegar. Isso permite você desenhar um caminho mais preciso para chegar lá.

Precisamos ter cautela, pois é comum que a rotina diária nos consuma e nos faça negligenciar o alerta de Covey: "Com frequência, as pessoas conquistam vitórias que se mostram vazias, sucessos que chegam com o sacrifício de coisas que repentinamente elas percebem ser muito mais valiosas para elas".

E sabe o que pode o ajudar a compreender melhor o que realmente importa para você, evitando cometer esse erro? Ter sua missão pessoal e sua visão definidas de forma clara.

VISÃO E MISSÃO: COMPONENTES FUNDAMENTAIS PARA A ALTA PERFORMANCE

Muitas vezes confundidas, visão e missão são conceitos diferentes entre si, embora ambos sejam essenciais para que você consiga atingir a alta performance.

No ambiente corporativo, as declarações de visão e missão agem como princípios norteadores para a tomada de decisões e ajudam a alinhar os esforços de todos os envolvidos dentro de uma organização. Entretanto, sua aplicação não se limita ao cenário corporativo. Essa estratégia pode e deve ser aplicada em sua vida profissional e esportiva.

Visão é uma declaração que estabelece as aspirações e metas de longo prazo, ao passo que a missão inclui o propósito, os valores – como fizemos no capítulo anterior – e os objetivos gerais de um indivíduo ou empresa.

Uma declaração de visão e de missão bem-elaboradas irão ajudá-lo a expressar seu propósito, inspirar e envolver as pessoas necessárias para atingir seus objetivos, além de fornecer uma direção clara de futuro, tanto para você quanto para as pessoas que você vai precisar engajar. É essencial que você as revise e atualize regularmente, para garantir que permaneçam relevantes e alinhadas às necessidades e metas, que sempre estarão em constante mudança, mas ao mesmo tempo preservando a essência de seus conteúdos.

Missão

A falta de clareza e os esforços dispersos são as principais causas de performance abaixo do esperado, perda de oportunidades e estresse. Escrever sua missão pessoal trará clareza, foco, poder e direção para sua vida.

A versão final da sua missão tem que ser uma declaração de propósito abrangente e duradoura, que expresse sua essência única e sua verdade interior em uma única frase. Ela deve explicar a razão de sua existência.

Uma vez definida, sua missão pode – e deve – tornar-se um estilo de vida para você, quase uma expressão de vocação. Quando estiver vivendo alinhado ou alinhada com seu propósito, você se sentirá feliz e em fluxo. Como resultado, o trabalho ou o esporte em que você está engajado se tornará cheio de significado e direção.

Redigir sua missão pessoal é uma tarefa relativamente simples seguindo os passos abaixo:

1. É recomendável você utilizar como base os valores que você elaborou no capítulo anterior.
2. Reserve um tempo a sós com um caderno ou o computador, para redigir frases curtas e afirmativas daquilo que você entende ser seu propósito. Faça um *brainstorming*, escrevendo o que vier à mente, sem críticas ou julgamentos. Escreva sem parar até não ter mais nada a registrar.

3. Revise o que você escreveu, cortando, editando e unindo ideias, deixando que sua intuição conduza o processo. Procure resumir tudo em uma frase com no máximo vinte palavras.
4. No dia seguinte, no momento apropriado, retome o texto do dia anterior para fazer uma revisão final e chegar ao texto definitivo. Não se preocupe se, ao longo do tempo, precisar fazer pequenos ajustes.

John Butler, autor do livro *Crossing the rubicon* e grande inspiração para este capítulo, afirma que uma declaração de missão bem-formulada deve responder a algumas perguntas, entre elas:

- Qual é o seu verdadeiro chamado?
- Do que se trata a sua vida?
- Quem é você?
- Como você vai fazer acontecer o que nasceu para fazer?

Visão

Ao contrário da missão, que é abrangente e genérica, sua visão precisa ser específica, mensurável, desafiadora e realista ao mesmo tempo, e prever um horizonte de tempo de três a cinco anos.

Todos os grandes realizadores, sejam profissionais ou esportistas, têm uma visão clara de aonde querem chegar. "Para onde exatamente eu estou indo?" Você também precisa ter uma resposta clara para essa pergunta.

Com tudo que você elaborou até aqui, você já tem o que necessita para redigir sua visão.

1. Encontre um local tranquilo onde possa se concentrar nesta tarefa por vinte ou trinta minutos, sem interrupções.
2. Inicie colocando uma data cinco anos à frente.
3. Imagine como será seu dia a dia quando sua visão se tornar realidade.
4. Seja específico.
5. Estabeleça objetivos e resultados mensuráveis.
6. Pense grande. Não aceite nada menos do que aquilo que ocupa sua mente quando você está divagando como se tudo fosse possível.

John Butler afirma que "sua visão deve integrar e alinhar **Quem você é** com **O que você faz** e **Aonde você quer chegar**".

Outra dica do autor é, a partir do momento em que a sua visão estiver definida, sempre fazer a si mesmo as duas perguntas abaixo antes de tomar qualquer decisão:

- "Essa decisão que estou prestes a tomar é consistente com meus valores, minha missão e minha visão?"
- "Essa decisão é grande o suficiente ou forte o suficiente para me ajudar na realização da minha visão?"

O CASO DE ANTÔNIO – A IMPORTÂNCIA DE PERMANECER FIEL À SUA VERDADE INTERIOR

Tenho um relato impressionante que ressalta a importância de permanecermos leais aos nossos valores pessoais, visão e missão.

O consultor de negócios Antônio era apaixonado pelo trabalho que fazia há mais de vinte anos. Com uma carreira bem-sucedida construída ao longo do tempo, resolveu, em 2019, mudar de empresa.

Em seu novo emprego, dois meses após sua vinda, a empresa extinguiu sua área, e ele, para não ficar desempregado, abandonou tudo aquilo que amava: começou a dedicar-se a tarefas que não tinham nada a ver com seu perfil, com seus conhecimentos e suas habilidades. Sentindo-se infeliz e incapaz de contribuir significativamente para a empresa, logo notou seu desempenho caindo de forma drástica. Foi quando decidiu me contratar para um Ciclo de *Executive Coaching*, visando fazer uma jornada de reflexão e autoconhecimento.

Iniciamos com uma revisão de sua trajetória pessoal e profissional e, através desse inventário de realizações, ele percebeu como havia se afastado totalmente de sua essência e de sua vocação profissional. Tinha perdido por completo o alinhamento com seus valores, sua missão e sua visão, exatamente porque nunca teve a oportunidade de fazer um trabalho estruturado para tê-los definidos com clareza.

Antônio teve, então, um profundo despertar de consciência a partir desse trabalho que fizemos juntos, reconectando-se com sua paixão e suas habilidades, o que o levou a trocar de emprego e retornar à sua área de atuação. A partir daquele momento, ele retomou sua jornada profissional, voltando a trabalhar com excelente desempenho e atingindo resultados expressivos de forma consistente.

O caso do Antônio demonstra a importância de permanecermos alinhados à nossa verdade interior, para preservar nossa saúde mental e manter alta performance.

Se você pretende alcançar objetivos extraordinários, é crucial traçar um caminho que seja verdadeiramente seu, fundamentado em suas habilidades, paixões e valores.

CAPÍTULO 07

DOMINANDO AS HABILIDADES DA ALTA PERFORMANCE

TALVEZ VOCÊ AINDA não se veja como um profissional extraordinário ou um esportista de elite, um "fora de série", como definido pelo jornalista britânico Mallcolm Gladwell. Talvez você sinta que ainda há algo faltando para você deslanchar.

Não se preocupe! Você já deu o primeiro e mais importante passo, que é buscar o desenvolvimento permanente. E eu estou aqui para ajudar nessa mudança de patamar.

Neste capítulo, vou revelar os segredos que separam os profissionais medianos dos fora de série, e os bons esportistas dos verdadeiros campeões.

São cinco habilidades psicológicas que você vai aprender a dominar:

- Motivação;
- Autoconfiança;
- Intensidade;
- Foco;
- Autocontrole emocional.

Há um volume significativo de pesquisa mostrando de forma inequívoca a relação entre essas cinco habilidades e a alta performance.

Qualquer que seja a profissão que você exerça ou o esporte que pratica, ter domínio desses cinco elementos é fundamental, se pretende atingir a maestria naquilo que faz. Essas cinco habilidades têm grande influência no empenho que você coloca no que faz e um impacto imediato no seu dia a dia profissional ou em suas competições.

Mas vamos começar pela habilidade fundamental que é a base de tudo: a motivação.

VOCÊ APRENDEU TUDO ERRADO SOBRE MOTIVAÇÃO

Esqueça aquela máxima que diz: "Você não precisa de motivação, você precisa de disciplina". A motivação é, na verdade, a base para ter consistência no seu desempenho. Em outras palavras, para atingir a tão sonhada disciplina, você precisa, sim, de motivação.

Basicamente, a motivação é a predisposição para iniciar e persistir na prática de qualquer atividade profissional ou esportiva – mesmo em momentos que exigirão grande esforço para atingir resultados. Ela vai assegurar que você coloque todo o empenho em preparação, cursos e treinamentos necessários para estar sempre pronto na hora que você entra em ação.

Da mesma forma que a intensidade e o foco – que você verá à frente –, a motivação tem impacto imediato na sua performance. E é possível você controlar e intensificar sua motivação de maneira muito rápida e com excelentes resultados.

Durante os Jogos Olímpicos de Verão de 2004 em Atenas, a nadadora húngara Krisztina Egerszegi teve um retorno surpreendente após uma pausa de seis anos nas competições. Egerszegi havia se aposentado da natação competitiva em 1997 para se concentrar em sua família e vida pessoal.

No entanto, a nadadora decidiu voltar à piscina em 2003, aos 29 anos, e começou a treinar para as

Olimpíadas de 2004. Muitas pessoas duvidaram das chances de ela ganhar outra medalha, dada a sua idade e o fato de estar fora das competições há quase uma década, além de que enfrentaria nadadores muito mais jovens e que vinham treinando de forma consistente.

Mas Egerszegi provou que estavam todos errados – conquistou a medalha de ouro nos 200m de costas, e mais: estabeleceu um novo recorde olímpico. A vitória de Egerszegi foi especialmente surpreendente, visto que ela não competia no evento há quase uma década e enfrentava competidores muito mais jovens. Foi uma prova de seu incrível talento e sua determinação, mas essa energia interna pulsante que a levou até esse patamar não é nada além de motivação.

E por experiência própria e de muitos dos meus *coachees*, eu posso lhe garantir: na vida profissional, também, a motivação trabalhada da maneira adequada é garantia de alta performance e de resultados surpreendentes.

FOQUE MAIS A MOTIVAÇÃO INTRÍNSECA

Applying sport psychology: four perspectives[4], de Jim Taylor é um livro que apresenta quatro perspectivas diferentes sobre a aplicação da psicologia do esporte para a melhoria do desempenho. O livro, que inclui contribuições de um técnico esportivo, um psicólogo, um pesquisador acadêmico e o próprio atleta, cada um oferecendo uma perspectiva única sobre a prática de determinado esporte, foi uma importante contribuição para construção da minha metodologia de *coaching* para líderes empresariais e esportistas, e para o que apresento neste capítulo.

Os autores enfatizam a importância da motivação no desempenho atlético e oferecem várias técnicas motivacionais que podem ser usadas para superar desafios e atingir seus objetivos. Algumas das principais estratégias que o livro aborda no capítulo sobre motivação e que da mesma forma podem ser aplicadas no ambiente de trabalho incluem:

1. **Definição de metas:** definir metas específicas, desafiadoras e atingíveis ao mesmo tempo, vai ajudar o profissional ou o esportista a permanecer motivado. É importante

....
4 *Aplicando a psicologia do esporte: quatro perspectivas*, em tradução livre.

definir metas de curto e longo prazo e acompanhá-las com frequência. No capítulo anterior, você trabalhou isso com profundidade.

2. **Imaginação:** a imaginação envolve ensaiar mentalmente um resultado desejado ou visualizar a si mesmo concluindo uma tarefa com sucesso. Recomenda-se o uso de imagens mentais vívidas de si mesmo realizando o seu melhor. Mais à frente, no Capítulo 9, abordaremos essa ferramenta com profundidade.

3. **Conversa interior:** a conversa interior refere-se ao diálogo interno que temos com nós mesmos. É fundamental usar uma conversa interior positiva para aumentar sua confiança, manter o foco e superar os pensamentos negativos. Vale a pena reforçar que isso se aplica da mesma forma ao ambiente de trabalho e aos esportes.

4. **Reforço:** o reforço envolve o fornecimento de recompensas ou feedback positivo para os comportamentos desejados. Os autores sugerem que treinadores e colegas de equipe usem o reforço para encorajar e apoiar a dedicação.

5. **Autoanálise:** envolve a revisão permanente de desempenhos passados e a identificação de pontos de melhoria.

Vale um alerta: motivação em excesso é tão ruim quanto baixa motivação. A baixa motivação pode levá-lo ao desânimo e ao desespero e, por fim, à derrota nos esportes ou ao fracasso profissional.

Em contrapartida, o excesso de motivação pode o levar ao *burnout* no ambiente de trabalho ou ao *overtraining* nos esportes.

Conhecer as formas de manifestação da motivação é a maneira de monitorar-se e buscar o nível ideal para você.

A motivação intrínseca vem de fatores internos e do prazer de exercer sua profissão ou praticar determinado esporte. Envolve a paixão por aquilo que você faz. Ou o prazer em se desafiar, buscando um nível sempre mais elevado de performance.

A motivação extrínseca por sua vez, vem de fatores externos:

- Recompensa;
- Punição.

Seu cuidado deve ser em não colocar ênfase excessiva em fatores externos, pois podem trazer uma série de problemas:

- Você deixará boa parte do controle de sua performance nas mãos dos outros.

- Sua autoestima será adversamente afetada quando tiver resultados ruins.
- Você poderá se envolver em excesso de trabalho ou de treinamento.
- E, por fim, será mais difícil atingir o autocontrole emocional em virtude da tendência a experimentar frustração e culpa.

É fundamental você conhecer muito bem o que o motiva. Não há problema em ter motivadores extrínsecos, desde que a ênfase esteja nos intrínsecos.

É crucial que você esteja intimamente familiarizado com o que o motiva. Não é um problema se alimentar de estímulos extrínsecos, contanto que você mantenha o núcleo de suas motivações intrínsecas como sua força condutora.

AUTOCONFIANÇA: O FATOR ISOLADO MAIS IMPORTANTE PARA A ALTA PERFORMANCE

A partir da motivação e da preparação vem a autoconfiança em sua capacidade de atuar com maestria e atingir objetivos desafiadores.

Considerada de forma isolada, a autoconfiança é o fator psicológico mais importante para o sucesso em qualquer coisa que você faça. Se tivermos duas pessoas com o mesmo nível de competência técnica, a mais autoconfiante sempre terá melhor desempenho e melhores resultados.

E o que é autoconfiança? Basicamente, é você acreditar que é capaz de ter alto desempenho de forma sustentada e atingir seus objetivos, por mais ambiciosos que sejam.

Qual é o seu nível de autoconfiança no que você faz? Sente que ela aumenta à medida que o tempo passa? Você se mantém confiante mesmo em situações adversas? Pare um pouco para refletir sobre essas questões antes de prosseguir na leitura.

É importante que você entenda que a autoconfiança não acontece por acaso. Ela pode e deve ser desenvolvida de forma consistente e progressiva. Os próximos capítulos vão apresentar ferramentas e estratégias para colocar sua autoconfiança nas alturas.

Com a autoconfiança fortalecida, você será capaz de calibrar a intensidade com que se dedica às suas atividades profissionais ou às competições esportivas e saberá reagir positivamente às pressões a que é submetido ou submetida no dia a dia profissional ou esportivo.

A ZONA INDIVIDUAL DE INTENSIDADE ÓTIMA

Mesmo que você tenha a motivação da nadadora húngara ou a autoconfiança de um jogador de futebol no auge de sua carreira, se não estiver apto fisiologicamente, não será capaz de atuar com seu pleno potencial.

Jim Taylor, do livro citado anteriormente, define intensidade como "a quantidade de atividade fisiológica e o nível de prontidão cognitiva e emocional que você experimenta quando está engajado em alguma prática intensa". Embora pareça um conceito utilizado apenas na área do esporte, é plenamente aplicável e importante para a vida profissional.

A intensidade é afetada por fatores físicos, psicológicos, emocionais, e por isso você precisa aprender a monitorá-la e ajustá-la nos momentos e circunstâncias adequadas.

A psicologia fala em Zona Individual de Intensidade Ótima – o nível exato de intensidade física, psicológica e cognitiva que permite a você desempenhar qualquer atividade com o seu pleno potencial.

Importante ressaltar que esse nível não é fixo; muda de pessoa para pessoa. Cada um tem seu nível de intensidade ótima. Sabendo disso, pare mais uma vez para uma breve reflexão: qual o nível ideal para você? Recorda-se de algum momento em que estava se sentindo muito bem, com um nível de energia e disposição muito elevados? Nessa oportunidade, como foi seu desempenho? E o contrário, outro momento em que seu nível de disposição e vitalidade estavam baixos? Como foi seu desempenho e os seus resultados? É importante você ter consciência dessas situações para colocar-se no nível de intensidade ótimo nos momentos adequados.

E é da intensidade que vem a capacidade de focar de forma adequada naquilo que você está fazendo, evitando distrações tanto na fase de preparo – estudos e treinamento – quanto nos momentos de execução.

SEM FOCO A ALTA PERFORMANCE É IMPOSSÍVEL

É impossível ter alta performance se você não consegue manter o foco por longos períodos. Mas, se você é uma pessoa distraída e desconcentrada, fique tranquilo: é possível desenvolver e aprimorar essa habilidade.

Foco é um estado de atenção plena direcionado dinamicamente. Daniel Goleman, autor do livro *Foco: o segredo do alto desempenho e da realização pessoal*, argumenta que, independente da área em que estamos atuando, ter um alto nível de concentração e atenção é essencial para alcançar nossos objetivos e desempenhar bem nossas tarefas.

Também aqui é importante destacar o que é foco ideal e foco deficiente. O foco ideal permite que você preste atenção às informações relevantes, avalie de forma correta as circunstâncias, mude estratégias dinamicamente, tome decisões acertadas e aja de forma a maximizar o seu desempenho.

O foco deficiente, ao contrário, vai desviar sua atenção das informações úteis e impossibilitá-lo de dar atenção aos processos acima, impactando negativamente em sua performance. Com essa clareza a respeito de foco, você vai melhorar muito seu desempenho profissional e esportivo.

Para ilustrar como o foco pode te fazer alcançar lugares inimagináveis, Goleman apresenta o exemplo do piloto de Fórmula 1 Lewis Hamilton, conhecido por sua habilidade de manter o foco e a concentração durante as corridas, apesar das altas velocidades e do ambiente caótico. Em sua preparação, ele faz um intenso trabalho mental que inclui visualização e meditação para ajudá-lo a entrar em um estado de foco intenso antes de cada corrida.

Além disso, Hamilton sabe gerenciar seus pensamentos e suas emoções durante as corridas, mantendo a calma sob pressão e lidando com frustração ou erros sem perder o foco no objetivo final.

O exemplo de Lewis Hamilton apresentado no livro de Goleman ilustra como o foco e a preparação mental são importantes para os esportes de alta performance, incluindo o automobilismo.

E o mesmo se aplica ao ambiente de trabalho, que é igualmente desafiador e exigente na maior parte das profissões.

O mais interessante disso tudo é que você não precisa ser um dos melhores pilotos do mundo para desenvolver o foco ideal. Você pode começar a trabalhar essa habilidade agora mesmo, na sua vida esportiva ou profissional, começando a colher resultados imediatamente.

EXPERIMENTE AS EMOÇÕES ÚTEIS; EVITE AS PREJUDICIAIS

Ter o controle de suas emoções é fundamental se você pretende ter maestria em sua área de atuação.

Emoção é uma reação, seja a um evento real ou imaginado, originado interna ou externamente, positivo ou negativo. Envolve mudanças físicas e fisiológicas profundas: batimento cardíaco, respiração, musculatura, liberação de hormônios etc. É vivenciada subjetivamente de maneiras específicas por cada pessoa. Se expressa exteriormente por meios visíveis e tendências de ação. E induz comportamentos subsequentes.

As emoções se manifestam com intensidade, velocidade e variedade muito grandes nas diversas situações do dia a dia. A lista é enorme: ansiedade, apreensão, entusiasmo, expectativa, medo, pânico, raiva, alegria, tristeza, empolgação, orgulho, frustração, vergonha, gratidão.

Esse caos emocional faz parte do seu dia a dia, e é importante perceber como as emoções se manifestam em você, porque só assim terá condições de direcioná-las a seu favor.

O aspecto crítico a ser compreendido é que, no que diz respeito às emoções e seu impacto na performance, seja profissional ou esportiva, a questão não é se elas são positivas ou negativas, mas, sim, se são úteis ou prejudiciais. Isso porque tanto emoções positivas quanto negativas podem ser prejudiciais para o desempenho.

O gráfico a seguir, extraído do livro *Applying sport psychology*, ilustra bem isso.

	Agradável	**Desagradável**
Útil	Entusiasmo Satisfação Alegria Felicidade Orgulho	Frustração Raiva
Prejudicial	Satisfação Contentamento	Medo Aflição Pânico Fúria Desespero Embarço Vergonha Culpa Ansiedade Tristeza

Fonte: Applying sport psychology

O recomendável é você focar-se no Quadrante 1 das emoções agradáveis e úteis – entusiasmo, satisfação, alegria, felicidade, orgulho – e no Quadrante 2 das emoções desagradáveis e úteis – frustração e raiva.

Entretanto, você deve tomar cuidado, pois as emoções do Quadrante 2 podem evoluir para suas formas avançadas, que são extremamente negativas. A raiva pode virar ira, e a ira vai cegá-lo, podendo o levar a fazer absurdos dos quais depois pode se arrepender. A frustração pode virar desânimo e, se você não interrompê-la a tempo, ela vai estagnar a sua carreira ou fazer você desistir do esporte que pratica.

Em ambos os casos, o segredo é você ter plena consciência de suas emoções e saber direcioná-las apropriadamente. E à medida que você aumenta o domínio de suas emoções positivas, você começa a se beneficiar do que a especialista em psicologia positiva Barbara Fredrickson chama Teoria do Ampliar e Construir. Ela afirma que o exercício constante das emoções positivas tem o efeito de ampliar o seu nível de consciência e sua habilidade de responder a eventos desafiadores, reforçando sua resiliência.

Em termos mais simples, ela afirma que qualquer emoção expressada com frequência tem a tendência a se ampliar e se espalhar para diferentes áreas de sua vida.

PARTE 3

AS FERRAMENTAS

"Para mudar uma ordem imaginada existente, precisamos primeiro acreditar em uma ordem imaginada alternativa."
Yuval Harari

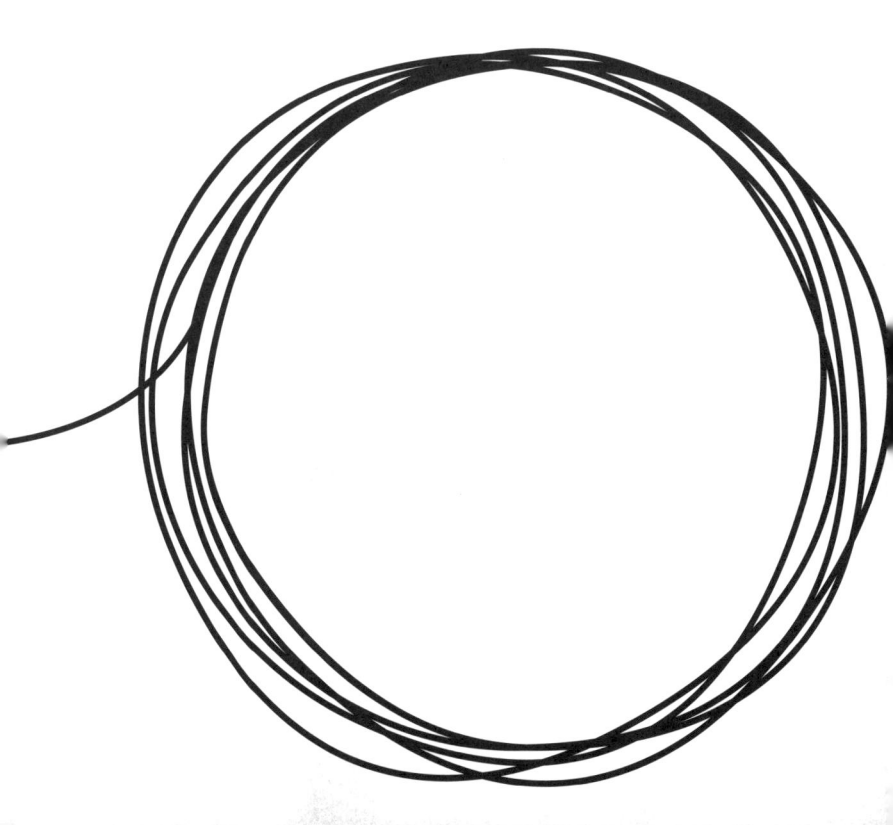

CAPÍTULO 08
USANDO A PALAVRA NA CONSTRUÇÃO DA SUA NOVA REALIDADE

NESTE PONTO DA sua leitura, eu tenho certeza de que você já tem a base necessária para compreender o caminho da alta performance. No entanto, talvez você ainda não saiba como utilizar sua mente subconsciente como parceira na realização dos seus objetivos, o que fará com que você não aproveite as infinitas possibilidades que o rodeiam.

Sem a parceria do seu inconsciente, será impossível você transformar sua visão pessoal em realidade. Ou seja, você sonha, idealiza, mas tornar isso palpável, trazê-lo à vida real, torna-se uma missão impossível.

Você se lembra de alguma situação em que estabeleceu algum objetivo de forma criteriosa, tomou uma decisão firme de implementá-lo, mas não conseguiu sair do lugar, apesar de todos os esforços e da insistência? Sabe o motivo de seu insucesso? Pode ser mais simples do que parece: você não engajou seu inconsciente na execução.

Neste capítulo, você aprenderá a fazer do seu inconsciente um poderoso aliado para o atingimento da excelência em sua vida profissional, nos esportes ou onde mais você desejar, através do uso de duas ferramentas poderosas, que são as Afirmações e as Declarações.

Vamos para a prática?

DECLARE HOJE O QUE SERÁ REALIDADE AMANHÃ

As afirmações são declarações positivas que você repete para si mesmo a fim de reprogramar sua mente subconsciente e manifestar suas intenções. Elas precisam ser específicas e devem ser repetidas com frequência de tal forma a manifestar aquilo que você pretende. São usadas há milênios em todo o mundo na forma de orações e mantras para potencializar a manifestação da capacidade humana.

Gosto muito de uma frase de John Kehoe, professor e palestrante, autor do livro *Mind power*, mais conhecido por seu trabalho no campo do desenvolvimento pessoal, na qual ele diz que: "Afirmações são como plantar sementes no solo. Elas são uma ferramenta simples e poderosa para criar o tipo de vida que você deseja". É exatamente o que eu penso delas: são sementes de uma nova – e ótima– realidade!

Hoje, praticamente todos os atletas de elite fazem uso sistemático de afirmações. Michael Jordan, por exemplo, era conhecido por usar afirmações e costumava, antes de entrar em quadra, repetir a frase: "Sou o maior jogador de basquete do mundo". Serena Williams, ex-tenista profissional norte-americana, considerada uma das maiores atletas de todos os tempos, usava afirmações como "Sou forte, estou confiante e posso fazer qualquer coisa" para superar a pressão e manter o foco no jogo.

O uso de afirmações, entretanto, vai além dos esportes: elas têm o mesmo potencial de uso no ambiente profissional. Aplicadas a seus objetivos, sua visão, sua missão e seus valores, as afirmações são uma poderosa ferramenta para a criação de sua nova realidade – seja ela qual for!

Segundo Kehoe:

> [...] ao usar afirmações, você está influenciando os pensamentos que ocorrem em sua mente. A mente tem uma capacidade limitada de manter mais de um pensamento simultaneamente, por isso uma afirmação funciona, preenchendo sua mente com pensamentos que suportam seu objetivo. As palavras sugerem à sua mente o que ela deveria estar pensando. Se você está afirmando para si mesmo 'eu faço uma excelente reunião', sua mente capta sem esforço as implicações e a mensagem de sua afirmação e naturalmente começa a ter ideias relacionadas a uma grande reunião. Apesar de muito simples, essa técnica é extremamente eficaz para ajudá-lo a obter os resultados desejados.

Nota-se que as aplicações são múltiplas e podem te ajudar a aumentar sua autoconfiança, sua motivação e seu foco, áreas que já enfatizei serem importantíssimas no último capítulo. Elas podem ajudá-lo a superar crenças limitantes e são uma poderosa ferramenta para reprogramar sua mente subconsciente.

Transforme seus sonhos em afirmações! Mas lembre-se: como um jardim, elas precisam de cuidados e rega regular para que a "mágica" do florescimento aconteça.

UM PASSO A PASSO PARA CRIAR AFIRMAÇÕES PODEROSAS

Minha intenção nesta terceira etapa da nossa jornada é fornecer-lhe ferramentas práticas e poderosas, mas quero garantir que você saiba usá-las com maestria.

Para elaborar afirmações poderosas e eficazes, siga algumas regras simples:

1. **Use sempre o tempo do verbo no presente do indicativo**: é preciso se expressar como se aquilo que você afirma já tivesse acontecido. Por exemplo, não diga: "Quero ser muito bem-sucedido profissionalmente", mas "Sou muito bem-sucedido profissionalmente".
2. **Seja específico:** é extremamente importante ser específico ao elaborar suas afirmações. Quanto mais detalhes, maior a probabilidade de se tornar realidade. Por exemplo, em vez de dizer "Quero um emprego melhor", diga "Tenho uma carreira gratificante que me paga bem e me permite ser presente em minha família".

3. **Construa frases curtas, positivas e afirmativas:** as afirmações devem sempre ser formuladas em linguagem positiva. Ou seja, sempre foque o que você quer. Por exemplo, em vez de dizer "Não quero perder tal competição", diga "Sou um vitorioso mesmo com todas as adversidades que enfrento".
4. **Crie afirmações que sejam relevantes para seus objetivos e alinhadas com seus valores pessoais:** tome como base todo o trabalho que você já fez no Capítulo 6, "Reescrevendo sua história pessoal".

Mas não basta elaborar; depois de prontas, tem que saber expressá-las de maneira correta. Aqui vão algumas dicas:

1. Você pode pronunciar as frases mentalmente ou num sussurro quase inaudível.
2. Você pode escrevê-las quinze vezes ao dia. O autor Scott Adams, famoso cartunista norte-americano, criador da história em quadrinhos Dilbert, em um de seus livros explica com detalhes como ao longo de toda sua carreira fez o uso de afirmações que escrevia quinze vezes diariamente com excelentes resultados.
3. Visualizar suas afirmações enquanto as pronuncia potencializa seu efeito. Feche os olhos e imagine-se já vivendo a realidade que sua afirmação expressa.

4. Para obter melhores resultados, é importante você se dedicar a praticá-las regularmente, encaixando-as ao longo do dia com frequência.
5. E uma dica fundamental: você não precisa acreditar no que está dizendo. Pronuncie as frases com desprendimento, sem forçar nada, como se não se importasse com o resultado.

Deixo aqui alguns exemplos de uso de afirmações no ambiente de trabalho e nos esportes para que você entenda, na prática, como formulá-las.

- "Eu sou um líder inspirador e motivador. Lidero pelo exemplo e inspiro minha equipe a alcançar os melhores resultados."
- "Eu sou um comunicador eficaz e um ouvinte atento. Eu estabeleço uma comunicação clara e aberta com minha equipe, e isso garante o sucesso dos nossos negócios."
- "Eu sou um solucionador de problemas habilidoso e criativo. Eu enfrento os desafios com confiança e encontro soluções inovadoras que garantem o atingimento dos nossos objetivos."
- "Eu sou um atleta focado e determinado. Eu mantenho meu foco mesmo sob pressão e sempre tenho excelente desempenho e resultados surpreendentes em todas as minhas competições."

- "Como piloto eu sou um líder na pista. Lidero pelo exemplo e inspiro minha equipe a dar o seu melhor, trabalhando em conjunto para alcançarmos a vitória."

DECLARANDO SUAS INTENÇÕES

Outra forma poderosa do uso das afirmações, mas em um formato mais longo e abrangente, são as declarações. Elas são semelhantes às afirmações no sentido de que são declarações positivas que são repetidas para si mesmo a fim de mudar suas crenças e atitudes. No entanto, as declarações são mais longas do que as afirmações.

Para facilitar, criei um roteiro que pode ajudar na elaboração da sua declaração:

1. **Visão**: abra a declaração descrevendo sua visão como se já estivesse realizada. Inclua todos os sentidos – aquilo você está vendo, ouvindo e sentindo agora que seu objetivo está realizado.
2. **Processo**: acrescente aquilo que você vai fazer para chegar lá – **hábitos, atividades, habilidades** – e como você os manifestará ao longo do processo.
3. **Resultados**: você já chegou lá e atingiu seu objetivo. Como é sua nova realidade agora? Descreva seu dia a dia e uma semana típica dessa sua nova realidade.

4. **Ganhos**: finalize falando dos ganhos e benefícios que você obteve e como isso impactou positivamente outras pessoas. Inclua as emoções que você está sentindo.

Algumas recomendações adicionais:

- Evite um texto muito longo também nas declarações; algo em torno de quinhentas palavras é o ideal.
- Use sempre o tempo presente, assim como nas afirmações.
- Imagine como se tudo fosse possível.
- Leia sua declaração duas ou três vezes ao dia.
- Grave um áudio dela para ouvir antes de dormir.
- À medida que for lendo sua declaração no dia a dia, faça os ajustes de texto que considerar necessários.

Esteja sempre atento a informações – pessoas, eventos, leituras, notícias, ambiente etc. – que estejam alinhadas com sua declaração. Aguce sua percepção para entender quando um *insight* exige alguma ação imediata. E mantenha-se atento o tempo todo para fazer aquilo precisa ser feito no dia a dia.

Lembre-se de que as afirmações e as declarações são ferramentas poderosas para ajudá-lo na conquista de seus objetivos. Ao usar ambas, pode-se criar uma poderosa combinação de conversa interior e visualização que trará mudanças positivas em sua vida.

Elas, entretanto, não são uma solução mágica. Você ainda precisará se engajar nas ações necessárias para alcançar o sucesso.

CAPÍTULO 09

ANTECIPANDO O FUTURO COM O PODER DA VISÃO

A VISUALIZAÇÃO É UMA técnica mental poderosa que envolve criar imagens vívidas e detalhadas em sua mente de si mesmo atingindo um objetivo específico ou executando uma tarefa em alta performance. É como se estivesse reproduzindo um filme mentalmente, no qual você se vê alcançando sucesso em seu trabalho ou esporte e assistindo a si mesmo realizando com excelência as ações necessárias para alcançar seu objetivo.

Relembre o Capítulo 6, "Reescrevendo sua história pessoal", e tudo o que você imaginou para a vida que almeja ter. A visualização é um recurso inigualável para reforçar sua motivação e autoconfiança, dando-lhe o preparo mental necessário para alcançar a alta performance na vida profissional, esportiva ou em qualquer outra área da sua vida.

É comum o uso de termos diferentes para se referir à técnica de visualização: imaginação dirigida, projeção mental, ensaio mental, visualização criativa, *visual board* e, inclusive, o termo visão, bastante usado no ambiente empresarial. Mas não há por que perdermos tempo com definições e conceitos. O que preciso é que você saiba diferenciar entre dois tipos de visualização: a Visualização Experiencial e o Ensaio Mental.

VISUALIZAÇÃO EXPERIENCIAL

A Visualização Experiencial consiste na criação de imagens mentais detalhadas e realistas do resultado desejado, como se este já tivesse sido alcançado, incorporando todos os detalhes sensoriais que isso envolveria. Você vai experimentar a vida que almeja antes mesmo de ela ter se tornado realidade. É uma técnica poderosa para ajudar a fortalecer sua crença e sua motivação em alcançar seus objetivos, além de ajudar a condicionar sua mente para o sucesso, o que alguns autores gostam de denominar por "criar uma mentalidade vencedora".

A ideia por trás dessa técnica é que o cérebro não consegue distinguir completamente entre uma experiência real e outra imaginada. Ou seja, quando você está envolvido em uma visualização clara e realista, é possível desencadear respostas emocionais, mentais, fisiológicas e físicas semelhantes àquelas que ocorreriam se a experiência fosse, de fato, real.

E como fazer isso? Existem algumas ferramentas disponíveis para nos auxiliar.

O Painel da Vida Ideal é uma ferramenta visual contendo os elementos que representam sua vida ideal desejada. Você pode fazê-lo usando uma parede em sua casa ou escritório, um *flipchart* que fica em um local físico onde você passa com frequência ou mesmo em um formato digital, em um Powerpoint, que tem a vantagem da praticidade e da privacidade. Eu particularmente prefiro não expor meus objetivos até o momento em que estejam realizados. Só os compartilho com as pessoas que eu tenho certeza de que podem agregar algo ou que estejam envolvidas de alguma forma na realização.

Algumas dicas para você montar seu Painel da Vida Ideal:

- **Imagens**: além de seus objetivos profissionais e esportivos, você pode incluir imagens representando as diferentes áreas da vida ideal que você deseja, como saúde, relacionamentos, lazer, entre outras. Você deve incluir imagens que representem da forma mais próxima possível o estilo de vida que você viverá depois de ter esses objetivos realizados; além disso, as imagens precisam ser inspiradoras e trazer motivação. Mas um alerta: evite o excesso de imagens.

- **Palavras e frases inspiradoras:** você pode incluir palavras e frases em cada painel e repeti-las à medida que contempla as imagens. Lembre-se de que a descrição detalhada dos seus objetivos você já fez no capítulo anterior em sua declaração; agora, no Painel, você deve incluir poucas palavras e frases, apenas para reforçar a criação de uma atmosfera inspiradora.
- **Símbolos:** você pode adicionar símbolos ou representações gráficas que tenham significado especial para você: uma âncora para estabilidade ou uma chave para a conquista de metas, por exemplo.
- *Soft Skills*: você pode incluir também objetivos e conquistas que envolvam aspectos comportamentais, atitudes ou uma expressão do seu modo de ser. Isso pode ser representado da mesma forma por meio de imagens, palavras e símbolos.

Para finalizar, vale a pena lembrar que o Painel da Vida Ideal é uma ferramenta pessoal e única e deve incluir tudo o que é significativo para você. O processo de autoconhecimento e planejamento feito nos capítulos 5 e 6 é peça-chave para criar uma representação que o inspire e motive em direção a seus objetivos e aspirações.

Steve Jobs era um grande entusiasta da visualização aplicada aos negócios. Ele tinha o hábito de imaginar o sucesso de cada um dos seus produtos, visualizando cada detalhe do design, do marketing e da experiência do usuário, antes mesmo de começar a concretizá-los. Acredito que mais da metade dos meus leitores usa algum produto fruto da visualização do cofundador da Apple.

ENSAIO MENTAL: UMA FERRAMENTA FUNDAMENTAL PARA A CONQUISTA DA ALTA PERFORMANCE

Você tem dificuldade de aprender algo novo, seja um conceito técnico, uma língua estrangeira ou uma nova habilidade? Mesmo após inúmeras tentativas e erros, você não sai do lugar? Sente-se disperso por inúmeros estímulos externos, em um ritmo de vida frenético em que nunca sobra tempo para nada?

Aqui vai um alerta: você não vai sair do lugar enquanto não envolver os níveis mais profundos de sua mente em seu aprendizado.

Agora, a boa notícia. Você tem à sua disposição uma ferramenta poderosíssima e muito pouco utilizada que não é ensinada na escola nem na faculdade: é o Ensaio Mental.

O Ensaio Mental é uma técnica voltada a acelerar e aprofundar seu conhecimento e domínio de qualquer matéria ou habilidade. É uma ferramenta universal pouco utilizada tanto por profissionais quanto por esportistas, apesar de ser amplamente utilizada por esportistas de elite.

Aproveito para reforçar meu alerta: dificilmente uma pessoa atinge a alta performance profissionalmente ou nos esportes sem dominar essa técnica.

Imagine que você decida aprender a jogar tênis – e você quer aprender rápido. É muito provável que o primeiro pensamento que passe por sua cabeça seja: *Preciso estar em quadra o máximo possível*. E você não está errado.

Mas e se você pudesse treinar os passes e jogadas mesmo fora da quadra? O Ensaio Mental nada mais é do que a habilidade em treinar mentalmente a execução de uma atividade para aprendê-la ou aperfeiçoá-la.

Considere o exemplo de Tiger Woods, um dos golfistas mais famosos do mundo, com uma quantidade de títulos impressionante ao longo de sua carreira. Antes de cada tacada, Woods procurava visualizar cada detalhe da jogada, incluindo a trajetória da bola, a força e a posição do corpo. Ele usava o Ensaio Mental para criar uma imagem clara e vívida do que queria realizar na jogada, e se concentrava nisso antes de executá-la. A técnica também possibilitava a Tiger treinar mentalmente quando não estava fisicamente praticando o esporte.

Mas não é só para atletas de alta performance que o Ensaio Mental se aplica. Richard Boyatzis, renomado professor de Comportamento Organizacional e Inteligência Emocional na Case Western Reserve University, é um defensor do Ensaio Mental para desenvolver habilidades de liderança: "Nosso sucesso como líderes depende de nossa capacidade de construir uma imagem clara de nós mesmos alcançando o estado ideal (nossos objetivos) e depois manter esse foco (até atingi-los)", relata.

Boyatzis complementa contando que vai além disso:

> Estudos do cérebro revelaram que imaginar alguma coisa vividamente, com riqueza de detalhes, pode disparar as mesmas células cerebrais envolvidas quando praticamos essa atividade na vida real. Em outras palavras, o novo circuito cerebral parece passar pelas mesmas etapas, fortalecendo conexões, ainda que a pessoa esteja apenas repetindo a sequência mentalmente... Se visualizarmos antes as prováveis situações (no trabalho, esportes e na vida pessoal), ficaremos mais à vontade para pôr em pratica novas aptidões.

Preparei um passo a passo sobre como fazer o Ensaio Mental.

- **Decida que aspecto da sua vida profissional ou esportiva você quer melhorar.** É importante começar com uma única habilidade ou competência que você queira desenvolver. À medida que adquirir domínio da técnica, você poderá ampliar seu uso e sua aplicação.
- **Se necessário, use alguém que é uma referência para você em sua profissão ou esporte.** Faça uma análise meticulosa de como ele ou ela executa essa habilidade que você está querendo melhorar.

- Imagine-se na posição de um diretor de cinema e ao mesmo tempo o ator principal. Vamos começar a redigir o *script*.
  - Como é a cena de abertura de você executando essa habilidade? Como é sua linguagem corporal? O que você diz? Quais as emoções que você sente? Com quem você está falando? Olhe ao redor, sentindo-se pleno de emoções positivas: autoconfiança, a paixão pelo que você faz, o foco pleno naquilo que você está fazendo, você atuando no nível ideal em termos físicos e cognitivos.
  - Agora desmembre a habilidade que você ensaiará em partes. O que ela envolve fisica e cognitivamente? Se você for assistir a essa cena em câmara lenta, quais os detalhes que você verá? Que emoções experimentará? Como será sua conversa interior?
  - Finalize seu *script* incluindo duas ou três afirmações que reforcem a execução dessa habilidade com maestria.
  - Seu *script* está pronto. Agora é só praticar.

Jim Taylor, já citado anteriormente, reforça, em seu livro *Applying sport psychology: four perspectives,* os tópicos acima e dá dicas adicionais para maximizar os resultados quando você for praticar:

- **Relaxamento**: os resultados do Ensaio Mental são melhores quando são iniciados com um rápido relaxamento.
- **Realismo**: o *script* deve ser o mais realista possível, reproduzindo situações concretas da vida profissional ou esportiva.
- **Nitidez**: quanto mais vívidas as imagens, maior será o ganho de performance.
- **Perspectiva**: envolve posicionar a câmera em diferentes ângulos ao longo da sessão. Perspectiva interna é o profissional ou o atleta vendo a si mesmo de dentro do seu corpo olhando para fora. Perspectiva externa é você se vendo fora de seu corpo, como se estivesse assistindo a um vídeo de si mesmo.
- **Velocidade**: pode-se ajustar a câmera a diferentes velocidades, acelerar ou colocar em câmera lenta.
- **Controle**: é importante reproduzir mentalmente de forma correta para não reforçar situações de baixa performance.
- **Múltiplos sentidos**: para gerar imagens de alta qualidade e que tragam os resultados esperados, é importante usar todos os sentidos.

- **Pensamentos e emoções**: incluir afirmações e modelos mentais convenientes e congruentes com o resultado que se espera e usá-los quando está ensaiando mentalmente.
- **Duração**: pesquisas demonstram que o tipo de tarefa que você está ensaiando mentalmente pode determinar o tempo de prática diária. Tarefas motoras, por exemplo, podem exigir mais repetições do que tarefas cognitivas. Isso pode ser uma indicação da diferença de uso no ambiente corporativo ou nos esportes.

Posso lhe garantir que com a prática diária os resultados aparecerão rápido. Depois de poucos dias praticando, quando você estiver engajado na atividade que está treinando mentalmente, já perceberá os ganhos: terá uma percepção ampliada e aprofundada das circunstâncias, seus sentidos ficarão mais aguçados, exercerá essa atividade com maior agilidade física e mental, mantendo uma conexão mais intensa com o presente, e sua capacidade de decisão em tempo de execução vai melhorar de forma significativa.

Este capítulo é um dos mais importantes de todo o livro: a visualização pode ser o ponto de virada para a realização dos seus objetivos e sonhos mais ambiciosos se você cumpriu o passo a passo da jornada de mudança pessoal pela qual foi conduzido desde o primeiro capítulo. Ao praticá-la diariamente, utilizando o Painel da Vida Ideal e o Ensaio Mental, você ativará seus sentidos, expressará emoções positivas, criará crenças fortalecedoras, gerará motivação e inspiração que irão assegurar a conquista de resultados extraordinários, transformando, enfim, seus sonhos em realidade.

CAPÍTULO 10
FAZENDO PAUSAS PARA EXPANDIR SUA CONSCIÊNCIA

> "Cada dia que você não estiver radiantemente vivo e transbordando de alegria será um dia perdido."
> **Srikumar Rao**

VAMOS ENCARAR A realidade: a maioria das pessoas não está verdadeiramente presente naquilo que está fazendo. Na maior parte do tempo, está vagando entre o passado e o futuro. Imersas em emoções caóticas e em diálogos internos intermináveis, essas pessoas se encontram desvinculadas de si mesmas, dos outros e do ambiente que as rodeia.

Muito do estresse que experimentamos em nosso dia a dia provêm dessa inconsciência alimentada por pensamentos e emoções descontrolados. E nesse nível de consciência é impossível atingir a alta performance. A maior parte desses estados mentais e emocionais tem origem na falta de conexão com o presente.

Mas então qual a forma de se livrar dessa alienação mental e emocional?

Não existe nada mais poderoso para isso do que a meditação.

RESGATE DO MEU UNIVERSO INTERIOR

Alguns anos atrás, eu ocupava uma posição de gestão em uma empresa de TI, liderando uma equipe de consultores técnicos e de negócios de alto nível. Nossa missão era implementar sistemas de gestão em empresas de médio e grande portes. Além disso, eu precisava manter minha equipe alinhada e em sincronia com a equipe do cliente, o que envolvia não só desafios técnicos e de negócios, mas também de relacionamento, comunicação e engajamento.

Em síntese, meu trabalho envolvia liderar muitas pessoas, otimizar processos de negócios complexos e controlar cronogramas de implementação apertadíssimos e orçamentos de valor bastante elevado que tinham de ser cumpridos à risca.

Não bastasse isso, eu ainda tocava simultaneamente dois projetos em Brasília e um em São

Paulo. Morando em São Paulo, isso exigia eu pegar um avião todas as segundas, antes das seis da manhã, para estar no cliente em Brasília antes das dez da manhã.

O resultado você já deve imaginar: minha cabeça era um turbilhão de preocupações, ansiedade, prazos e orçamentos. O sono tornou-se um luxo escasso, minha produtividade começou a despencar, e a equipe estava percebendo minha aflição.

A manutenção desse ritmo alucinante de trabalho por muitos meses estava me levando a um nível de estresse perigoso. Em uma dessas idas a Brasília, em plena quarta-feira, saí para almoçar com minha equipe e decidi não retornar ao escritório, mas caminhar um pouco. Sentia que estava próximo ao *burnout*, mas não queria expor isso ao time e deixá-lo preocupado. Pensei que uma caminhada ajudaria a aliviar minha tensão, já que Brasília sempre me fascinara: os quarteirões imensos, a bela arquitetura de Niemeyer, a amplitude do céu da planície, o sol gostoso do início de tarde e o clima seco que tanto me agradava.

Acontece que todas essas características fantásticas e potentes daquele lugar serviram para aprofundar a minha consciência do estado lamentável em que eu mesmo havia me colocado. E como eu chegara a tal ponto se mantinha bons hábitos de alimentação, não tinha vícios e fazia corridas de rua cinco a seis vezes por semana?

À medida que caminhava, ia percebendo que minha estafa era totalmente mental e emocional. Meu corpo continuava forte e saudável, mas eu estava, sim, doente. O motivo, entretanto, não era minha vida intensa de executivo que sempre fora exigente. Antes eu me mantinha estável emocionalmente por maiores que fossem os desafios. Por que, então, esse desequilíbrio naquela altura da minha vida beirando os quarenta anos de idade?

Em algum momento dessa longa caminhada tive um *insight*: o que eu havia tirado da minha vida no último ano e que agora cobrava seu preço era uma prática que tinha me trazido grande estabilidade e me tirado da depressão quanto eu estava com vinte anos — a meditação.

Esse momento foi meu ponto de virada, pois percebi a necessidade imprescindível de dispor de ferramentas voltadas à manutenção da saúde mental. A percepção foi tão clara e impactante, que decidi retomar minha prática imediatamente, antes mesmo de voltar ao escritório.

Lembro-me com nitidez deste momento: eu procurando um lugar onde pudesse ter sossego para ficar a sós e poder resgatar minha prática interior. Logo veio-me à mente a Catedral Dom Bosco, localizada na Asa Sul. Apesar de hoje não ser praticante de nenhuma religião, sabia que ali encontraria a tranquilidade necessária para internalizar-me. Em poucos minutos lá estava eu, encantado por seus vitrais, e ali permaneci por mais de uma hora em um verdadeiro trabalho de resgate do meu universo interior.

Voltei para o escritório já no meio da tarde em um estado de espírito renovado e com a certeza de que eu tinha redescoberto o cerne para uma vida saudável e equilibrada.

A partir daquele momento, voltei a encaixar a meditação como a primeira coisa que faço no dia, e rapidamente minha vida entrou nos eixos. Passados muitos anos desde então, nunca mais tive uma recaída e continuo mantendo um estado de serenidade muito grande, apesar de ter uma vida bastante desafiadora tanto no ambiente de trabalho quanto nos esportes.

E O QUE NÃO É MEDITAÇÃO?

Há tantos significados para a palavra "meditação" que se faz necessário esclarecer antes o que ela definitivamente não é.

O equívoco mais comum que as pessoas têm sobre meditação é pensar que se trata de uma atividade vinculada à religião ou que é necessário algum dom espiritual especial para sua prática.

Então vamos lá. A meditação não é:

- Reflexão a respeito de algum texto religioso, apesar de algumas religiões terem essa prática entre seus fiéis chamando-a de meditação.
- Concentração, embora a prática regular de meditação melhore muito a concentração e o foco.
- Oração; não é necessário se dirigir a qualquer entidade divina ou pedir a intersecção de algum santo.
- Relaxamento, apesar da prática regular da meditação contribuir para um estado de descontração profundo.

- Visualização, como você já deve ter entendido no capítulo anterior.
- Também não é uma técnica de programação mental, de se impressionar o subconsciente.

MAS, AFINAL, O QUE É, DE FATO, A MEDITAÇÃO?

Dan Harris é um jornalista americano, âncora de notícias da ABC News. Em 2004, ele teve um ataque de pânico ao ler as notícias ao vivo na televisão, o que mais tarde atribuiu ao seu trabalho estressante e ao uso de drogas recreativas.

Após essa experiência, Dan começou a explorar várias práticas em um esforço para controlar sua ansiedade e seu vício. Ele tentou terapia, medicamentos e outras abordagens, mas descobriu que eram parcialmente eficazes; sempre voltava para o mesmo ponto.

Decidiu então tentar a meditação, sendo inicialmente cético. Com o tempo, Harris descobriu que a prática o ajudava a reduzir sua ansiedade e a obter mais clareza e foco em sua vida.

Desde então, Harris se tornou um defensor da meditação e escreveu vários livros sobre o assunto.

Por meio de seu trabalho e de seus livros, Dan ajudou a desmistificar a meditação e a torná-la mais acessível a um público mais amplo. Ele também inspirou muitos outros a explorar os benefícios da meditação e da atenção plena, independente de suas crenças religiosas ou espirituais.

E esse é um caso que exemplifica perfeitamente a definição de meditação: qualquer técnica que ajude o praticante a estar totalmente presente naquilo que está fazendo.

Há também outras formas de expressar o que é meditação, como:

- Uma prática voltada a ancorar-se no presente.
- Um exercício para ter maior consciência de seus pensamentos, sentimentos, sensações corporais, do ambiente circundante e das pessoas com quem você está interagindo.
- Um estado de aceitação dos pensamentos e sentimentos que vão surgindo, tomando-se consciência deles, sem julgar se são bons ou não, convenientes ou inconvenientes, certos ou errados.
- Um não fazer nada e não buscar atingir nenhum estado mental ou emocional especial.
- Um exercício de apenas manter o foco no objeto da meditação.

Entretanto, há alguns obstáculos para se conseguir atingir esse estado meditativo:

- **Estados de depressão ou ansiedade**: quando estamos deprimidos ou ansiosos, é difícil nos concentrarmos no presente, porque nossos pensamentos e nossas emoções estão voltados para o passado ou para o futuro. Culpa, raiva, arrependimento ou ressentimento deixam-nos presos ao passado. Preocupações com o que pode acontecer ou deixar de acontecer e medo do que pode dar errado fixam-nos no futuro.
- **Conversa interior incessante:** estamos constantemente alimentando uma conversa interior com pensamentos sobre nossas vidas, nossos planos, nossas preocupações, nossas expectativas e muito mais. Essa conversa interior pode ser muito "barulhenta", tornando difícil nos concentrarmos no presente. É como se estivéssemos tentando ouvir o que outra pessoa está dizendo num restaurante barulhento.
- **Estados emocionais negativos**: as emoções negativas fazem com que nossos pensamentos fiquem turvos, perdemos o foco nas atividades diárias, o que diminui nossa capacidade de decisão. É como se estivéssemos olhando o mundo através de óculos embaçados. No Capítulo 7 você viu como as emoções negativas podem prejudicar sua performance.

Não siga meu exemplo de quando abandonei a prática priorizando uma vida alucinante. E fique tranquilo. A regularidade da prática da meditação vai ajudá-lo a superar cada um desses obstáculos, acalmando sua mente e abrindo espaço para você estar naquilo que está fazendo no momento.

DIFERENTES TÉCNICAS DE MEDITAÇÃO

Existem diversas formas de você conquistar esse estado elevado de consciência. Cada técnica ou escola adota um objeto de meditação diferente que pode ser um mantra, um som ou até mesmo o próprio corpo, como no Hatha Yoga. Eu estudei muito sobre o assunto desde minha juventude e desenvolvi minhas próprias práticas, o que daria um livro à parte.

Se você já tem alguma prática nesse sentido e ela lhe traz resultados, apenas continue com sua disciplina diária.

Caso você nunca tenha praticado, gostaria de apresentar uma técnica particularmente eficaz e acessível.

Mas antes um alerta: não menospreze a técnica por ser simples demais.

Lawrence Freeman, monge beneditino, autor do livro *A luz que vem de dentro,* argumenta que a simplicidade da meditação pode ser um empecilho para os ocidentais. Segundo Freeman, a mentalidade ocidental é caracterizada por uma abordagem excessivamente analítica e que normalmente valoriza a atividade e a eficiência acima da quietude e do não fazer nada.

A simplicidade da meditação pode parecer desafiadora e até mesmo frustrante para muitos ocidentais. No entanto, seus benefícios são tantos e tão extensamente documentados em pesquisas diversas ao longo das últimas décadas, que vale a pena você tentar.

A MEDITAÇÃO DA RESPIRAÇÃO

Apesar de sua origem dentro da tradição budista, a meditação da respiração não exige para sua prática nada que seja religioso. Não envolve acreditar em algum dogma e nem se envolver em qualquer tipo de ritual.

É praticada em todo o mundo, em vários contextos, inclusive por esportistas e executivos em busca de alta performance. É frequentemente ensinada como parte de programas de redução de estresse e de promoção do bem-estar em instituições de saúde.

Trata-se de simplesmente sentar-se num lugar sossegado e prestar atenção à sua respiração.

Para praticar, siga **estes passos:**

1. Escolha um lugar tranquilo, confortável e seguro, onde não será interrompido.
2. Procure fazê-lo sempre no mesmo horário e de preferência na primeira hora da manhã.
3. Sente-se em uma posição confortável com a coluna ereta, mãos apoiadas. Não recoste a cabeça. Lembre-se, o importante é encontrar uma posição que seja confortável para você.
4. Antes de iniciar, procure descontrair seu corpo, relaxando nos pontos onde perceber alguma tensão.
5. Feche os olhos e comece a respirar naturalmente.

6. Concentre sua atenção no ar entrando e saindo por suas narinas. Simplesmente observe sua respiração sem qualquer tentativa de alterá-la. Se preferir, conte cada inspiração. Inspire, conte 1, expire. Inspire, conte 2, expire. E vá assim até 5, iniciando novamente em 1.
7. Se sua mente começar a divagar, ao perceber, suavemente traga sua atenção de volta para a sua respiração. Isso vai acontecer várias vezes durante a prática. Não se preocupe: os resultados virão mesmo com essa constante dispersão da mente.
8. Continue simplesmente respirando e contando a respiração pelo tempo que você se propôs, sem abrir os olhos. Você pode usar um temporizador e abrir os olhos somente no fim.
9. Decorrido esse tempo, abra os olhos lentamente e com calma volte às suas atividades.

Minha recomendação é que você comece praticando por cinco minutos todos os dias e aos poucos vá expandindo o tempo de prática até chegar a vinte minutos por dia.

Lembre-se de que a prática requer disciplina e paciência, mas em pouco tempo você vai observar os benefícios para sua saúde física e mental. Vários estudos e pesquisas corroboram essas afirmações, incluindo:

- A diminuição do estresse, da ansiedade e da depressão, se você está passando por esses estados emocionais;
- Uma sensação de calma e clareza mental que se aprofunda a cada dia;
- Aumento do seu poder de foco;
- Mais autocontrole emocional;
- Um aguçamento de suas faculdades cognitivas e dos seus sentidos;
- Um sentimento de serenidade e felicidade que não depende de qualquer circunstância exterior.

Além dos benefícios citados, vale a pena mencionar as diversas formas como a prática diária de meditação pode melhorar a performance no ambiente de trabalho e nos esportes.

- **Melhoria da concentração:** o exercício diário de se concentrar em uma única coisa vai ajudar a melhorar a concentração em outras áreas da vida, incluindo o trabalho e os esportes. E quando estamos focados realizamos as tarefas com mais eficiência e precisão.
- **Redução do estresse e da ansiedade:** a prática regular da meditação vai reduzir os níveis de estresse e ansiedade. Quando estamos menos estressados e

ansiosos, somos capazes de tomar decisões melhores e de lidar melhor com situações desafiadoras.
- **Mais resiliência**: a meditação desenvolve a resiliência, que, por sua vez, nos ajuda a lidar melhor com situações difíceis e a nos recuperar mais rápido dos reveses.
- **Melhoria da qualidade do sono:** um dos benefícios que se observa já nas primeiras semanas de prática regular é a melhoria da qualidade do sono. Quando estamos bem-descansados, temos mais energia para lidar com as demandas do trabalho e dos esportes.
- **Mais consciência corporal:** a meditação implica dentre outras coisas a prestar atenção às sensações do corpo, o que melhora a consciência corporal. Isso é especialmente útil para esportistas que precisam estar plenamente cientes de como seu corpo está se movendo e como estão reagindo às demandas físicas do esporte.

Para usufruir de todos esses benefícios de forma duradoura há apenas uma condição: a prática regular, metódica, diária.

CAPÍTULO 11
ENTRANDO EM FLUXO DE FORMA INTENCIONAL

NESTE CAPÍTULO FINAL, vamos desvendar o poderoso conceito de fluxo e como este livro está estruturado para ajudá-lo a alcançar esse estado intencionalmente. Seja no escritório ou numa pista de automobilismo, o fluxo é o caminho para uma harmonia perfeita entre alta performance e qualidade de vida. Eu acredito que você está pronto para implementar as lições valiosas que aprendeu, e equipado com a força do autoconhecimento e com uma caixa de ferramentas poderosas.

O ESTADO DE FLUXO: UNIÃO ENTRE PAIXÃO E DESAFIO

O estado de fluxo é um momento de plenitude e excelência em que nos sentimos completamente imersos e conectados com a atividade que estamos executando. Esse estado é resultado da união de dois fatores cruciais:

- **Paixão pela atividade:** realizar algo de que você gosta e com o qual se sinta entusiasmado aumenta a probabilidade de entrar em fluxo.
- **Desafio adequado:** a atividade deve ser desafiadora o suficiente para manter seu engajamento, mas não a ponto de desanimá-lo.

Se você atender esses dois requisitos, o resultado será uma sensação de realização e satisfação pessoal muito grande, além de uma melhoria significativa na qualidade do seu trabalho ou da sua prática esportiva.

É importante ressaltar que **os dois** tópicos são absolutamente necessários para se entrar no estado de fluxo. Você tem que ter paixão pelo que faz e ao mesmo tempo tem que saber exatamente seu nível de habilidade, pois dessa forma poderá encontrar um desafio proporcional, o que aumenta a probabilidade de você entrar em fluxo.

Se o desafio for muito elevado em relação às suas habilidades, você poderá experimentar ansiedade ou frustração. Por outro lado, se o desafio for muito baixo, poderá sentir tédio ou apatia.

Os dois tópicos requerem ter um grande autoconhecimento para engajar-se nas atividades certas que tenham o nível de desafio adequado a seu nível de habilidade atual, conforme você já estudou na Parte II deste livro.

Normalmente pensamos que o estado de fluxo é exclusivo de atletas de elite que exibem performances magníficas e quebram recordes, inacessível a nós, meros mortais. O que a maior parte das pessoas não sabe é que mesmo uma pessoa iniciante em alguma atividade profissional ou esportiva pode atuar em fluxo. Você não precisa ser um líder super-herói ou um atleta de elite para atingir esse estado. Basta buscar um nível de desafio adequado através de um processo de aprendizado progressivo e gradual.

O gráfico a seguir ilustra bem esse conceito.

Gráfico: eixo vertical "Desafio", eixo horizontal "Habilidade", com faixas "Frustração", "FLOW" e "Tédio".

A MENTALIDADE DE CRESCIMENTO E O CORREDOR DO FLUXO

Carol Dweck, já citada anteriormente neste livro, em sua teoria da mentalidade de crescimento, enfatiza a importância de acreditar que nossas habilidades e talentos possam ser desenvolvidos ao longo do tempo por meio de esforço e dedicação. Essa mentalidade é um componente essencial para acessar o fluxo com mais frequência e intensidade.

Michael Phelps, o famoso nadador olímpico, é um exemplo brilhante de alguém que sabia entrar em fluxo intencionalmente. Com 28 medalhas olímpicas, incluindo 23 de ouro, ele é o atleta olímpico mais condecorado da história.

Ao longo de sua carreira, Phelps se dedicou intensamente a treinamentos e buscou constantemente novos desafios. Cada competição representava uma oportunidade de aprendizado e crescimento, e ele abraçava cada momento com a mentalidade de crescimento proposta por Carol Dweck.

Durante os treinos e competições, ele estava tão envolvido no processo, que o tempo parecia parar, e o mundo ao redor desaparecia. Sua paixão pelo esporte e o desafio de superar seus próprios limites eram os elementos que o impulsionavam a alcançar o estado de fluxo repetidamente.

Phelps não apenas conquistou inúmeras vitórias, mas também enfrentou obstáculos e falhas ao longo do caminho. No entanto, com sua mentalidade de crescimento, ele via essas experiências como oportunidades para aprender e melhorar.

Cada desafio superado aumentava sua confiança e suas habilidades, alimentando sua paixão e levando-o a novos patamares de excelência.

Os resultados de Michael Phelps refletem a harmonia entre paixão, desafio e mentalidade de crescimento. Sua jornada é um exemplo inspirador de como entrar em fluxo pode levar a conquistas extraordinárias.

Adotar uma mentalidade de crescimento é fundamental para buscar o fluxo de forma intencional. Quando acreditamos em nosso potencial de desenvolvimento e abraçamos os desafios como oportunidades de crescimento, tornamo-nos mais abertos a novas experiências e mais resilientes diante de dificuldades.

Ao aplicar a mentalidade de crescimento, podemos entrar em fluxo em diferentes áreas da vida, seja no trabalho, nos esportes, nas artes ou em qualquer atividade que nos apaixone. É uma jornada de aprendizado constante, onde nos esforçamos para alcançar nosso pleno potencial e viver em harmonia com a excelência e a qualidade de vida.

Assim como Michael Phelps, podemos atingir a excelência naquilo que fazemos, encontrando satisfação em cada passo da jornada e valorizando tanto o sucesso quanto o processo de crescimento contínuo.

OUTROS FATORES IMPORTANTES

Além desses requisitos mencionados, absolutamente necessários e sem os quais é impossível entrar em fluxo, há outros fatores que facilitarão a entrada nesse estado intencionalmente, mesmo nos estágios iniciais de prática.

Um deles é a capacidade de foco. O estado de fluxo requer um alto nível de concentração e atenção à atividade em questão. Portanto, você precisa ser capaz de se concentrar e se manter focado na atividade, evitando distrações e interrupções

Outro fator para se entrar em fluxo é estar totalmente presente naquilo que se está fazendo. Isso significa que você não se distrairá com outras coisas e poderá atuar de forma mais efetiva e com mais qualidade.

Você já teve a oportunidade, nos capítulos anteriores deste livro, de conhecer e se apropriar de ferramentas poderosas que vão ajudá-lo a desenvolver um foco poderoso e a estar totalmente presente no seu trabalho ou no esporte que pratica.

A partir de tudo que você aprendeu ao longo do livro, fica fácil entender uma definição mais abrangente e inclusiva para o termo alta performance. Trata-se da capacidade de uma pessoa de exercer seus talentos e suas habilidades com plenitude, de forma consistente e sustentável, em todos os estágios da aprendizagem e do desenvolvimento, conquistando níveis cada vez mais elevados de maestria.

Essa definição enfatiza a importância de se focar em um processo de crescimento contínuo, em vez de buscar apenas resultados imediatos ou comparar-se com personalidades famosas. Ela também destaca a ideia de que a alta performance não é uma questão de talento ou habilidade inata, mas, sim, de dedicação, esforço e prática consistente.

Portanto, o termo não deve ser associado exclusivamente a desempenhos fantásticos de personalidades famosas. Pelo contrário, devemos entender o conceito de fluxo como um símbolo de qualquer jornada de aprendizado e do desenvolvimento de cada indivíduo, independentemente de seu nível atual de habilidade e conhecimento.

EPÍLOGO
REDEFININDO A ALTA PERFORMANCE

> "A excelência não é um destino; é uma jornada que exige coragem, determinação e autenticidade."
> **Brené Brown**

A PARTIR DO CONHECIMENTO adquirido ao longo deste livro, espero que você tenha conseguido redefinir o conceito da alta performance como a capacidade de exercer talentos e habilidades com plenitude, de forma consistente e sustentável, em todos os estágios da aprendizagem e do desenvolvimento, alcançando níveis cada vez mais elevados de maestria. Essa definição enfatiza o processo de crescimento e aprendizado contínuos e a busca por aprimoramento, não se limitando a resultados imediatos ou comparações.

MENSAGEM FINAL: EQUILÍBRIO E ÉTICA NA BUSCA PELA EXCELÊNCIA

A jornada para alcançar a alta performance não deve comprometer sua qualidade de vida. É essencial equilibrar atividades profissionais e esportivas com momentos de lazer, convívio familiar, amizades e autocuidado.

Além disso, uma ética de trabalho saudável é fundamental. Valorizar a colaboração em vez da competição desenfreada, respeitar os limites do corpo e da mente e não sacrificar sua saúde ou integridade em busca de resultados imediatos são atitudes que fortalecem sua jornada de alta performance.

Viver em fluxo é conciliar a busca pela excelência com qualidade de vida, valorizando tanto o sucesso quanto a jornada. É um processo contínuo de autodesenvolvimento e realização plena em todas as áreas da vida, desde o nível de aprendiz até a maestria.

Podemos aprender a dominar o estado de fluxo em nossas vidas, abraçando desafios, aprendendo com cada erro e vivendo com paixão e propósito.

A busca pelo fluxo intencional é o caminho para alcançar a alta performance com propósito, significado e realização em todas as áreas de nossas vidas.

Uma boa jornada!

AGRADECIMENTOS

Estar cercado de pessoas extraordinárias tanto no âmbito profissional quanto no pessoal é um dos maiores privilégios que a vida me concedeu.

Exatamente por isso, ao expressar minha gratidão, corro o risco de esquecer nomes que de alguma forma foram importantes para a conclusão do meu livro. De antemão, desculpe-me se você fizer parte dessa lista e eu omiti-lo ou omiti-la.

Primeiramente, minha profunda gratidão a Ruy Shiozawa, cuja integridade pessoal e forte liderança são fontes de inspiração permanentes para mim.

Um agradecimento especial a Vitor Amendola de Souza, um executivo de excepcional talento, cujo incentivo durante a transição da minha carreira executiva para o coaching foi fundamental. Além disso, a empresa que ele lidera com brilhantismo foi meu primeiro cliente Pessoa Jurídica.

Aproveito para estender meus agradecimentos a todos os meus clientes que me inspiram e me motivam permanentemente em minha busca pela excelência profissional.

À minha editora, Larissa Caldin, minha gratidão por suas contribuições essenciais ao longo de todo o livro. Sua competência e visão foram fundamentais para moldar o texto final.

Também faz parte desta lista minha filha Marília por constantemente desafiar e questionar minhas ideias, o que me levou a aprofundar aspectos cruciais do livro.

Por fim, minha eterna gratidão à minha esposa, Cristiane. Sua crença inabalável no meu projeto, mesmo nos estágios iniciais, e sua cobrança permanente ao longo de uma década para que eu compartilhasse minhas ideias com o mundo, foram fundamentais para que este livro se tornasse realidade. Minha admiração e amor por ela não tem limites.

Conheça mais sobre o Partners em:

gptwpartners.com.br

© 2024, Milton Reis

Equipe editorial: Lu Magalhães, Larissa Caldin, Joana Atala e Sofia Camargo
Edição de texto: Larissa Caldin
Revisão: Marina Montrezol
Projeto Gráfico: Manuela Dourado
Diagramação e Capa: Lucas Saade

Dados Internacionais de Catalogação na Publicação (CIP)
(Câmara Brasileira do Livro, SP, Brasil)
Angelica Ilacqua CRB-8/7057

Reis, Milton
   Viver em fluxo : táticas para uma vida de sucesso e bem-estar / Milton Reis.— São Paulo : Primavera Editorial, 2024.
   160 p. : il.

ISBN 978-85-5578-130-8

1. Autoajuda 2. Sucesso I. Título

23-6367   CDD 158.1

Índices para catálogo sistemático:
1. Autoajuda

PRIMAVERA
EDITORIAL

Av. Queiroz Filho, 1560 — Torre Gaivota Sl. 109
05319-000 — São Paulo — SP
Telefone: + 55 (11) 3034-3925
+ 55 (11) 99197-3552
www.primaverabiz.com.br
contato@primaveraeditorial.com